이것이 진짜 실수한 부동산 투자다

이것이 **진짜**
실수한
부동산 투자**다**

이종실 지음

권리분석의 실수, 현장답사의 실수
협상에서의 실수
실수를 만회하고 역전하다

한국경제신문*i*

| 서문 |

　부동산은 주변 환경의 지배를 받는다. 사두었다가 주변 환경의 변화에 의해 가격이 상승하게 되면 파는 것이다. 따라서 주변 환경이 변할 때까지 기다리는 것은 부동산 투자의 원칙이다.

　특히 우리나라는 6·25 전쟁으로 주택이 파손되고, 북에서 내려온 피난민들에 의해 삶의 터전이 부족한 상태에서 1980년대부터 급격한 경제발전에 의해 주택 수요가 급속히 늘어났다. 택지 개발과 주택건설을 국가의 목표로 삼는 이 당시의 부동산 투자는 경제적 여유가 있는 사람들의 전유물이었다.

　경제적 여유가 있는 사람들은 투자 후 몇 년이 지나도 삶의 어려움이 없기에 은행보다 월등히 수입이 높은 부동산 투자는 유혹이 아니라 의무적으로 해야 하는 필수 코스가 됐다. 이 당시 경제적 여유가 있는 사람들은 부동산은 구입하고 4~5년 정도 지나면 자연히 수익이 된다는 생각은 누구나 알 수 있는 공식에 속하던 시절이었다. 급격한 경제 성장에 의해 주변 환경이 변하며, 부동산의 가치가 뛰는 것이 대부분이었던 시절의 얘기다.

그러나 지금은 인구 증가도 주춤하며, 주택의 수요와 공급의 원칙에 100% 이상 근접하고 있는 시대다. 일부 지역은 빈집도 생기며, 급기야 건축법과 농어촌정비법에서 빈집을 정리할 수 있는 법규도 만들어진 상태다. 즉 공급만큼 수요가 늘지 않기에 빈집이 생기기 시작한 것이다. 이제는 공급이 모자란 것이 아닌, 주변 환경과 생활 패턴에 의해 삶의 터전을 옮기는 시대다. 따라서 부동산 투자는 예전처럼 사놓고 기다리는 방법으로는 성공하기 어렵다. 물론 지금도 일부지역(개발계획인근, 도로건설)은 주변 환경이 변하며 오르기도 한다. 부동산 투자를 오랫동안 강의해왔던 필자도 이러한 부동산(개발계획인근, 도로건설)을 고르는 데 한계를 느끼게 됐다.

시장의 기본 원칙은 싸게 사서 비싸게 파는 것이다. 부동산 투자도 같은 이치다. 그동안 부동산 투자는 시간과 경제를 맞바꾸는 형태가 대부분이었으나 이제는 시간과 주변 환경의 변화가 없어도 오른 후 팔아야 하는 시대적 배경의 변화가 왔다. 따라서 이 시대의 부동산 투자는 예전과는 다른 방식으로 접근해야 된다.

필자의 부동산 투자 방법은 결국 경매로 시가보다 싼 부동산을 매입해 시가에 파는 방법을 선택했다. 그러나 경매로 나온다고 무조건 시가보다 싸게 살 수 있는 것은 아니다. 경매로 시장에 나온 부동산도 문제가 있는 부동산이기에 시가보다 가격이 떨어지며, 이러한 가격에 경매로 매입 후 문제점을 해결해 시가에 팔자는 것이 필자의 현재 부동산 투자 방법이다. 그러나 필자의 생각과 달리 해결되는 문제점이라고 생각했던 것이 필자의 생각대로 해결되지 않는 것도 있었다.

이 책의 핵심은 왜 문제점이 필자의 의도대로 해결되지 않았었는지에 대한 실전 사례다. 부동산 투자에 관심 있는 분들은 한번 꼭 읽어보고 필자와 같은 실수를 하지 말기 바란다.

이종실

| 차례 |

서문 · 5

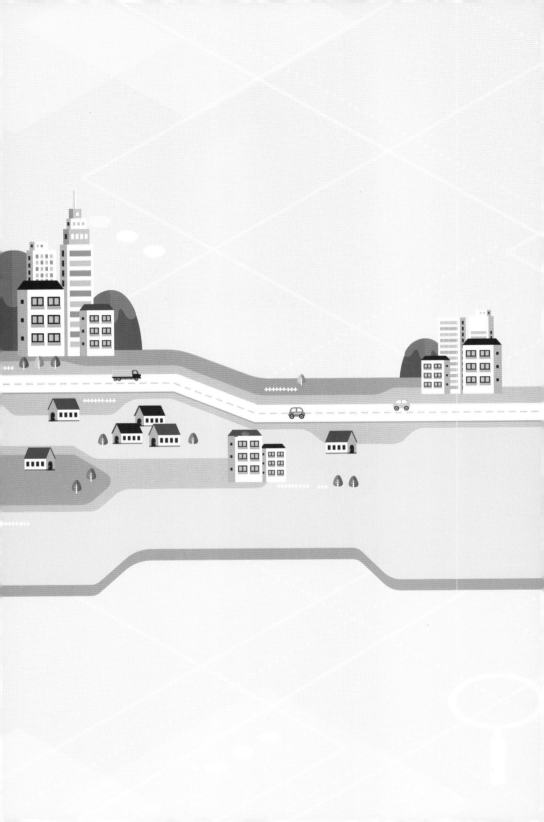

권리분석에서의
실수

2015 타경 15137
전라남도 영광군 법성면 진내리

2015 타경 15137 (임의)		물번1 [배당종결] ▼		매각기일 : 2016-11-10 10:00~ (목)		경매2계 062-239-■■■
소재지	(■■■) 전라남도 영광군 법성면 진내리 ■■■ [도로명] 전라남도 영광군 진굴비길2길 ■■■■■					
용도	대지	채권자	광000000000		감정가	15,120,000원
토지면적	126㎡ (38.11평)	채무자	김00		최저가	(41%) 6,194,000원
건물면적		소유자	김00		보증금	(10%)619,400원
제시외	제외 : 30.1㎡ (9.11평)	매각대상	토지만매각		청구금액	13,500,000원
입찰방법	기일입찰	배당종기일	2015-11-11		개시결정	2015-08-06

기일현황 ▽간략보기

회차	매각기일	최저매각금액	결과
신건	2016-04-14	15,120,000원	유찰
2차	2016-05-19	12,096,000원	유찰
3차	2016-06-23	9,677,000원	매각
	■■■■/입찰1명/낙찰12,100,000원(80%)		
	2016-06-30	매각결정기일	허가
	2016-08-04	대금지급기한	미납
3차	2016-09-01	9,677,000원	유찰
4차	2016-10-06	7,742,000원	유찰
5차	2016-11-10	6,194,000원	매각
	낙찰8,010,000원(53%)		
	2016-11-17	매각결정기일	허가
	2016-12-23	대금지급기한 납부 (2016.12.14)	납부

출처 : 스피드옥션(이하 동일)

사건 개요

이 사건은 건축물관리 대장이 없는 토지만 감정가 1,520만 원에 매
각하는 물건을 801만 원에 낙찰 받았다. 처음부터 필자의 물건분석에

서 실수한 대표적인 사건이다. 필자의 생각은 법정지상권이 없는 토지만 매각으로 건물주에게 토지를 매도할 예정으로 입찰에 참여했다. 그러나 권리분석을 보면, 광주○○신용조합에서 1,350만 원의 채무를 갚지 못해 시작된 사건이다. 낙찰가가 800만 원이면 취등록세 및 등기비 등을 제외하면, 매도금이 최소 1,500만 원 이상 가야 이득금이 생길 수 있으나, 1,350만 원에 의해 진행된 사건이기에 1,350만 원 이상으로 협상이 될 가능성은 없다는 것을 권리분석 때는 미처 생각하지 못했다. 매도하기 위한 다른 방법은 현재 거주하고 있는 건물을 적당한 가격에 매입하고, 토지와 건물 전체를 다른 사람에게 매도하는 방법도 있다. 하지만 상업지역이라도 상업지역으로의 역할을 할 수 없는 자동차가 못 들어가는 골목이며, 아궁이에 불을 때는 옛날 주택이기에 신축해야 하는 조건이지만 가능성은 거의 없다. 지금 되돌아 생각해보면 아주 간단한 이치이지만, 5차까지 떨어졌다는 것에 이러한 생각을 그 당시 하지 못한 것이다.

건물을 몇 백만 원 정도에
매입할 생각은 아예 하지 마세요

잔금을 내고 거주자를 만나러 갔다. 토지 낙찰자라고 말하자 대뜸 "토지만 낙찰 받았지요? 건물을 몇 백만 원 정도에 매입할 생각은 아예 하지 마세요"라고 한다. 이미 토지만 진행된다는 사실을 알고 있기에 건물은 어쩔 수 없으리라는 생각을 하고, 낙찰지가 찾아오기를 기다리고 있었다는 말투다. 건축물이 있는 토지를 다시 매입하려는 것이 아닌, 건물을 비싸게 팔고 나갈 생각을 하고 있는 것이다. 필자가 생각했던 방향과 정반대의 생각을 하고 있다. 할 말이 없었다. 더 이상 대화가 안 되어 바로 건물철거소송 및 지료소송을 제기해도 무대응에 답변이 없다.

두 번째 재판에서 다음 달에 선고한다는 판사님의 말씀을 듣고 왔지만, 아무래도 막가파라는 생각에 앞길이 험난할 것 같은 생각이 들었다. 그러던 중 피고의 답변서가 재판부에 접수되어 다시 재판 날짜가 정해졌고, 판사님이 바로 조정으로 결정했다.

피고소인들은 조정실에서 판사님에게 금전적으로 매우 어려운 형편임을 하소연하며, 건물가액을 1,000만 원은 주어야 집을 얻어 나갈 수 있다고 말했다. 건축주는 토지를 다시 매입하겠다는 생각은 아예 하지 않고 있다. 이것이 필자의 권리분석에서의 실수인 것이다. 결국 조정은 결렬됐으며, 3차까지 조정에 임하게 됐으나 매번 똑같은 이야기만 되풀이됐다.

⑦ 물건현황/토지이용계획	⑦ 면적(단위:㎡)	⑦ 임차인/대항력여부	⑦ 등기사항/소멸여부	
법성1교 북측 인근 외에 위치	**[토지]**	배당종기일 : 2015-11-11	**소유권** 2003-05-16	이전 토지
본건 인근에 간선도로가 통과해 대체로 무난	진내리 ▨▨ 대지 일반상업지역	**윤○○** 있음	박○○ 매각	
유사 사다리형, 주거용 건부지	126㎡ (38.11평) 일반상업지역	전입 : 2014-05-13 확정 : 없음	**소유권** 2011-04-11	이전 토지
남측 골목길에 접함	**[제시외]**	배당 : 없음 점유 :	김○○ (거래가) 5,000,000원	
일반상업지역(진내리 ▨▨▨)	진내리 ▨▨ 단층 주택 제외	현황조사 권리내역	매매	
🔍 토지이용계획/공시지가	26.5㎡ (8.02평) 조적조스레트		**(근)저당** 2011-04-11	토지소멸기준 토지
🔍 부동산정보 통합열람	진내리 ▨▨		광○○○○○○○○○ 22,100,000원	
⑦ 감정평가현황 ▨▨▨감정	단층 화장실,창고 제외 3.6㎡ (1.09평)		**임의경매** 2015-08-06	소멸 토지
가격시점 2015-08-21	조적조스레트		광○○○○○○○○○ 청구 : 13,500,000원	
감정가 15,120,000원			▷ 채권총액 :	
토지 (100%) 15,120,000원			22,100,000원	
제시외제외 (12.27%) 1,854,700원			토지열람 : 2015-08-24	

더 이상 조정에 참여하지 않겠습니다
판결을 원합니다

"똑같은 얘기만 되풀이한다면 더 이상 조정에 참여하지 않겠습니다. 판결을 원합니다"라고 강력하게 얘기하자 잠시만 밖에 나가 기다리라고 했다. 20여 분 후 다시 조정이 시작되어 이번에는 거꾸로 1,000만 원에 토지를 매도하라는 판사님의 조정안이다.

이번에는 받아들이기로 하자 상대편에서 1,000만 원이 지금 당장 없으니 우선 500만 원을 지급하고, 6개월 후 300만 원, 다시 2개월 후 200만 원을 지급하겠다는 조건이다. 경제적으로 어려운 사람을 상대로 협상을 한다는 것이 얼마나 미련한 짓인가를 보여주는 대표적인 사례다. 결국 어쩔 수 없이 이 조정안을 받아들이기로 했다. 결국 목돈을 투입하고 푼돈으로 돌려받은 미련한 경매의 대표적인 사례다.

상업지역이나 마당이 좁고 자동차 출입 어려운 도로

자동차는 출입이 불가능한 소로에 접한 상업지역

출처 : 다음지도 항공사진

소 장

원 고 최광█ (590612-█████

　　　창원시 성산구 원이대로 ███ █████████████

　　　송달장소 : 평택시 평남로 ████████████████

　　　송달영수인 : 법무사 유종█

피 고 윤광█

　　　전남 영광군 법성면 진내리 ███

　　　도로명주소 전남 영광군 법성면 진굴비길2길 █

토지인도 등 청구의 소

청 구 취 지

1. 피고는 원고에게 전라남도 영광군 법성면 진내리 ███ 대 126㎡ 지상의 별지 도면 표시 1, 2, 3, 4, 1 의 각 점을 순차로 연결한 선내 (가)부분 조적조 스레트지붕 단층주택 약 26.5㎡와 5, 6, 7, 8, 5 의 각점을 순차로 연결한 선내 (나)부분 조적조 스레트지붕 단층 화장실,창고 약 3.6㎡를 각 철거하고, 위 토지를 인도하라.
2. 피고는 원고에게 2016. 12. 14.부터 위 토지인도 완료일 또는 원고의 위 토지 소유권 상실까지 연 금 1,512,000원의 비율로 계산한 돈을 지급하라.
3. 소송비용은 피고들이 부담한다.
4. 제1항, 제2항은 가집행할 수 있다.

라는 판결을 구합니다.

청 구 원 인

1. 원고의 토지소유권 취득

원고는 전라남도 영광군 법성면 진내리 ▉▉ 대 126㎡(이하 "이사건 토지"라 함)를 2017. 2. 2. 매매을 원인으로 2017. 2. 10. 접수 제2254호 소유권이전 등기를 마치고 단독 소유하고 있습니다(갑제1호증의 1 부동산등기사항증명서, 갑제1호증의 2 토지대장 참조).

2. 피고의 건물소유 및 점유

이사건 토지의 지상에는 피고 소유의 조적조 스레트지붕 단층주택 약 26.5 ㎡, 조적조 스레트지붕 단층화장실,창고 약3.6㎡(이하 "이사건 건물"이라함) 건물이 존재하고 있고, 현재 피고가 점유 사용하고 있습니다(갑제2호증의 1 현황조사서, 갑제2호증의 2 매각물건명세서, 갑제4호증 현장사진, 갑제6호증 지적개황도, 갑제7호증 건물현황도 참조).

한편, 피고는 이사건 토지를 1974. 12. 20. 매매를 원인으로 취득하였다가 경매로 소유권을 상실한 이후에도 현재에 이르기까지 이사건 미등기 건물을 소유 및 점유사용하고 있는 것입니다.

3. 건물철거 및 토지인도 의무

따라서 피고는 이사건 건물을 소유 및 점유하면서 원고의 이사건 토지 소유 권을 침해하고 있으므로 이사건 건물을 철거하고 이사건 토지를 원고에게 인도할 의무가 있습니다.

4. 차임상당 부당이득의 청구

피고는 이사건 건물의 소유를 통하여 원고에 대하여 차임상당의 부당이득을 하고 있다 할 것이므로 원고는 우선 인도대상 토지의 광주지방법원 2015 타경 ▓▓▓▓ 부동산임의경매의 감정평가 금액인 금 15,120,000원(갑제3호증 감정평가서 참조)의 10%에 해당하는 금1,512,000원을 연간 지료상당 부당이득금으로 반환 청구합니다.

소송 진행 중 필요에 따라 지료감정을 통하여 청구취지를 변경하겠습니다.

5. 결어

이상과 같이 피고는 이사건 건물의 소유를 통하여 원고의 이사건 토지 소유권을 침해하고 있으며, 임료 상당액을 부당이득하고 있다 할 것이므로 피고는 이사건 건물을 철거하고 원고에게 이사건 토지를 인도하며, 원고가 토지 소유권을 취득한 시점부터 토지인도완료시까지 또는 원고가 이사건토지의 소유권을 상실할 때까지 부당이득금을 반환할 의무가 있다 할 것이므로 이 사건 청구에 이르게 된 것입니다.

입 증 방 법

1. 갑 제1호증의 1   부동산등기사항증명서
1. 갑 제1호증의 2   토지대장
1. 갑 제2호증의 1   현황조사서
1. 갑 제2호증의 2   매각물건명세서
1. 갑 제3호증   감정평가서
1. 갑 제4호증   현장사진
1. 갑 제5호증   토지이용계획확인원열람용

답 변 서

사 건   2017가단 ▨▨   토지인도 등

원 고   최 상 ▨

피 고   윤 광 ▨

위 당사자간 귀원 2017가단 ▨▨ 토지인도 등 사건에 관하여 피고는 다음과 같이 답변합니다.

청구취지에 대한 답변

1. 원고의 청구를 기각한다.

2. 소송비용은 원고가 부담한다.

라는 판결을 구합니다.

청구원인에 대한 답변

1. 다툼 없는 사실

원고의 청구원인 사실 중, 원고가 전라남도 영광군 법성면 신내리 ▨▨ 대 126㎡(이하 '이 사건 토지'라 합니다)를 2017. 2. 2. 매매를 원인으로 2017. 2. 10. 접수 제2254호로 소유권이전등기를 마치고 단독 소유하고 있다는 사실, 이 사건 토지상에는 피고 소유의 조적조 스레트지붕 단층주택 약

26.5㎡, 조적조 스레트지붕 단층화장실, 창고 약 3.6㎡(이하 '이 사건 건물'

이라 합니다) 건물이 존재하고 있고, 현재 피고가 점유 사용하고 있다는

사실, 피고는 이 사건 토지를 1974. 12. 20. 매매를 원인으로 취득하였다가

강매로 소유권을 상실한 이후에도 현재에 이르기까지 이 사건 미등기건물

을 소유 및 점유사용하고 있다는 사실에 대하여는 다툼이 없으나, 나머지

주장사실에 대하여는 이를 부인합니다.

2. 상세한 답변서는 추후 준비서면으로 제출하겠습니다.

2017. 4.

피고 유 광

광주지방법원   귀중

광주지방법원
조 정 조 서

사 건	2017가단■■■	토지인도 등

원 고   최광■

　　　창원시 성산구 원이대로 ■■ ■■■ ■■■■ ■■■■ ■ ■■■■

　　　송달장소 평택시 평남로 ■■■ ■■■ ■■■ ■■■

　　　(송달영수인 법무사 유종■)

피 고   윤광■

　　　전남 영광군 법성면 진굴비길2길 ■■ ■■■■

　　　소송대리인 윤가■

판 사	김 보 ■	기 일	:	2017. 11. 10. 14:15
		장 소	:	광주지방법원 제203호. 민사법정
법원 주사보	정 수 ■	공개 여부	:	공 개

원고 최광■　　　　　　　　　　　　　　　　　　　출석

피고 소송대리인 윤가■　　　　　　　　　　　　　출석

다음과 같이 조정성립

조 정 조 항

1. 피고는 원고에게 10,000,000원을 지급하되, 이를 분할하여 2017. 11. 10.에 5,000,000원, 2018. 5. 10.에 3,000,000원, 2018. 8. 10.에 잔액 2,000,000원을 각 지급한다. 만일 피고가 지급의무를 1회라도 지체할 때는 피고는 기한의 이익을 상실하고 미지급된 잔액을 일시에 지급하되, 미지급금에 대하여 지급기일 다음날부터 다 갚는 날까지 연 15%의 비율로 계산한 지연손해금을 가산하여 지급한다.

2. 원고는 나머지 청구를 포기한다.

3. 소송비용 및 조정비용은 각자 부담한다.

청 구 의 표 시

청구취지

1. 피고는 원고에게 전남 영광군 법성면 진내리 ■■ 대 126㎡ 지상 별지 도면 표시 1,
   2, 3, 4, 1의 각 점을 순차로 연결한 선내 (가) 부분 조적조 스레트지붕 단층 주택
   약 26.5㎡와 5, 6, 7, 8, 5의 각 점을 순차로 연결한 선내 (나) 부분 조적조 스레트
   지붕 단층 화장실, 창고 약 3.6㎡를 각 철거하고, 위 토지를 인도하라.
2. 피고는 원고에게 2016. 12. 14.부터 위 토지 인도완료일 또는 원고의 위 토지 소유권
   상실일까지 연 1,512,000원의 비율로 계산한 돈을 지급하라.

청구원인

별지 청구원인 기재와 같다.

법 원 주 사 보   정   수   ■

판   사   김   보   ■

실수의 핵심

❶ 가치 없는 상업지역으로 감정가격이 높았다.

❷ 채권이 1,350만 원으로 채무자의 경제력이 1,350만 원도 안 될 것을 예측했어야 했다(현 거주자의 경제력이 없음).

❸ 권리분석상 800만 원에 낙찰했어도 1,350만 원에 주인에게 매도가 최고 한계다.

❹ 건물까지 매입 후 토지와 건물 전체를 공인중개사에게 의뢰해도 매각이 어렵다(대형 차량 출입이 불가능한 38평의 마당 없는 주택).

② 2016 타경 30028
강원도 삼척시 원덕읍 옥원리

2016 타경 30028 (강제)		물번2 [배당종결] ▼		매각기일 : 2016-08-22 10:00~ (월)		경매3계 033-640-█████
소재지	강원도 삼척시 원덕읍 옥원리 ███ █					
용도	대지	채권자	신00000	감정가	45,733,170원	
지분토지	123.27㎡ (37.29평)	채무자	이00	최저가	(49%) 22,409,000원	
건물면적		소유자	이0000	보증금	(10%)2,240,900원	
제시외		매각대상	토지지분매각	청구금액	145,423,395원	
입찰방법	기일입찰	배당종기일	2016-04-11	개시결정	2016-01-08	

기일현황 ⌄ 간략보기

회차	매각기일	최저매각금액	결과
신건	2016-05-23	45,733,170원	유찰
2차	2016-07-04	32,013,000원	유찰
3차	2016-08-22	22,409,000원	매각
엄동██/입찰1명/낙찰22,880,000원(50%)			
	2016-08-29	매각결정기일	허가
	2016-10-05	대금지급기한 납부 (2016.09.12)	납부
	2017-03-23	배당기일	완료
배당종결된 사건입니다.			

사건 개요

이 토지는 10명의 공유자와 삼척시의 지분으로 총 11명 중 1명 지분이 진행된 물건이다. 물건 1,2,3번으로 진행됐으며, 물건 1번과 2번을 같이 입찰했으나 2번만 낙찰됐다. 이곳은 삼척시 원덕읍에 건설하는 발전 산업단지를 지원하는 배후지역이다.

이 사건은 건축물이 없는 나대지로 삼척시 원덕읍에 삼척종합발전산업단지의 개발로 토지 전체를 매각분할하면 이득이 있으리라 판단했다. 낙찰 후 매각분할 소송을 진행하자 뜻밖에도 보정하라는 답변이 법원으로부터 왔다.

물건현황/토지이용계획	면적(단위:㎡)	임차인/대항력여부	등기사항/소멸여부
원덕고등학교 남측 인근에 위치 부근은 학교, 단독주택, 주거나지 등으로 형성된 읍소재지내 주택지대 본건 및 부근까지 차량접근이 가능, 버스정류장과의 거리, 노선, 운행빈도 등을 감안할때, 대중교통 사정은 보통 부정형의 평지 지적도상 맹지상태 제2종일반주거지역(옥원리 ▩▩▩) 🔍 토지이용계획/공시지가 🔍 부동산정보 통합열람 📄 감정평가현황 ▩▩감정	【(지분)토지】 옥원리 ▩▩▩ 대지 제2종일반주거지역 123.27㎡ (37.29평) 제2종일반주거지역 455면적중 이영▩지분 123.27전부	배당종기일: 2016-04-11 - 매각물건명세서상 조사된 임차내역이 없습니다	(근)저당(지분)　토지소멸기준 1988-11-19　토지 원OOOOOOOO 15,000,000원 　　조▩▩지분 소유권(지분)　이전 2012-07-19　토지 노OOOOO 증여 　　조▩▩지분 소유권(지분)　이전 2012-10-19　토지 송OOOOO 증여 　　조▩▩지분 가압류(지분)　소멸 2015-10-06　토지 신OOOOO 140,000,000원 　　이영▩지분 강제경매(지분)　소멸 2016-01-11　토지 신OOOOO 청구: 145,423,395원 　　이영▩지분 ▷ 채권총액: 　155,000,000원
	가격시점　2016-01-21		
	감정가　45,733,170원		
	토지　(100%) 45,733,170원		

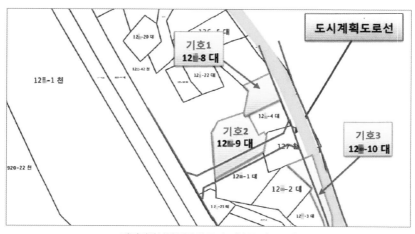

감정평가서에 평가된 토지 지분 중 기호 2번

2	원덕읍 옥원리 12◌-9	455 × $\frac{288}{1,063}$	대	주거나지	2종일주	부정형 평지	114,400

감정평가서에 나오는 지분비율

출처 : 다음지도 항공사진

공유자지분이 1이 넘는
이유를 소명하라

생각지도 못했던 공유자들 11명의 지분이 1이 넘는다는 재판부의 지적이다. 등기부등본을 믿었기에 공유자들의 지분이 1이 넘는지는 확인하지 않았다.

주요 등기사항 요약 (참고용)

─────[주 의 사 항]─────

본 주요 등기사항 요약은 증명서상에 말소되지 않은 사항을 간략히 요약한 것으로 증명서로서의 기능을 제공하지 않습니다.
실제 권리사항 파악을 위해서는 발급된 증명서를 필히 확인하시기 바랍니다.

[토지] 강원도 삼척시 원덕읍 옥원리 12■─9 대 455㎡

고유번호 1448-1996-■■■■

1. 소유지분현황 (갑구)

등기명의인	(주민)등록번호	최종지분	주　　　소	순위번호
노귀■ (공유자)	551025-*******	5207060854분의 687342178	서울특별시 양천구 목동동로 ■■■ ■■■■ ■■ ■■	36
노윤■ (공유자)	810603-*******	5207060854분의 343671089	강원도 강릉시 죽헌길85번길 ■ ■■■ ■■■■■	36
노종■ (공유자)	631009-*******	5207060854분의 687342178	강원도 삼척시 원덕읍 호산2길 ■■	36
문부■ (공유자)	630326-*******	5207060854분의 571237032	인천광역시 부평구 원적로 ■■■	34, 35
박상■ (공유자)	470123-*******	5207060854분의 580102346	삼척시 원덕읍 호산리 ■■■	23
삼척■ (공유자)		5207060854분의 928161300		1
손차■ (공유자)	610303-*******	5207060854분의 53695494	강원도 삼척시 원덕읍 옥원리 ■■■	31
송명■ (공유자)	511023-*******	5207060854분의 343671089	서울특별시 양천구 신목로 ■ ■■■■■ ■■■ ■■■■	37
이영■ (공유자)	630808-*******	5207060854분의 1410755904	인천시 남동구 만수동 ■■ ■■■■■ ■■■	26
이임■ (공유자)	500705-*******	5207060854분의 471755148	삼척시 원덕읍 호산리 ■■■	22
최판■ (공유자)	750605-*******	5207060854분의	대전광역시 대덕구 법동 ■■■ ■■■■■■ ■■ ■■	30

춘천지방법원 강릉지원

보 정 명 령

사　　　건　　2016가단▇▇▇　공유물분할

원　　　고　　이준▇▇

피　　　고　　노귀▇▇ 외 9명

원고는 이 명령의 보정기한까지 다음 흠결 사항을 보정하시기 바랍니다.
보정기한: 송달된 날로부터 14일 이내

흠 결 사 항

원고와 피고 공유물 지분의 합이 1이 되는지 여부에 대하여 소명할 것

2016. 11. 17.

판사　　정　지　▇

판결절차와 집행절차는
별개의 문제다

갑구 8번 및 갑구 9번에서부터 잘못된 부분이 계속 이어졌다. 1이 넘는 이유는 정확히 알 수 없고, 판결절차와 집행절차는 별개의 문제로 분할매각 시 지분조정으로 가능하지 않겠느냐는 답변을 재판부에서 받아들여 재판이 진행됐으며, 분할매각하라는 조정의 결정이 났다.

보 정 서

사　건　2016 가단 6○○○ 공유물분할
원　고　이준○
피　고　노귀○ 외 9

위 사건과 관련하여 원고는 귀원의 보정명령에 대하여 다음과 같이 진술합니다.

－ 다 음 －

1. 공유지분의 합이 1을 초과하게 된 경위

갑제1호증 부동산등기사항증명서에 의하면, 갑구 제8번 등기목적 노대○ 지분(갑구5번 1063분의 796을 칭함) 2053분의 1498 중 1151 이전, 공유자 조순○이 1981년 7월 16일에 등기취득했습니다.

노대○ 지분은 갑구5번 1063분의 796임이 명백한데 어떠한 사유로 2053분의 1498 중 1151을 이전한 것인지 전혀 파악되지 않고 있습니다.

그 후 조순○에게 이전된 지분이 수차례에 걸쳐 이전등기 됐고, 남아 있던 노대○ 지분 전부(갑구 8번 일부이전 후 그 기재에 의하여 2053분의 347)에 대하여 1981. 8. 25. 장옥○ 앞으로 소유권이전(갑구 9번)이 됐습니다.

그 후 장옥○ 지분도 수차에 걸쳐 이전등기가 경료됐습니다.

2. 해결방안 및 문제점

결국 위 갑구 8번 및 갑구 9번에서부터 잘못된 부분이 현재까지 계속 이어졌으므로 역으로 위 갑구8번 9번으로부터 소유권을 취득했던 모든 사람을 피고로 하여 소유권이전등기의 말소를 구하고, 갑구 8번 및 9번의 취득지분을 정확하게 바로잡은 후 순차로 다시 소유권이전등기를 할 수밖에 없습니다.

그러나 위와 같은 소송을 진행하기에는 당사자의 특정 및 청구원인에서 왜 갑구 8번 및 9번이 그러한 지분오류가 발생됐는지 원인을 찾아야 할 것이나, 너무 오래된 사건이라 등기신청서 서류 일체가 이미 보존연한을 도과하여 확인이 불가하므로 소송으로 위와 같은 지분합계가 1을 초과하는 오류를 바로잡기에는 무리가 있습니다.

3. 결어

판결절차와 집행절차는 별개의 문제이므로 우선 판결절차인 이 사건 본안에서는 등기부상 기재된 지분대로 판결하여 주시고, 차후 공유물분할을 위한 형식적 경매를 진행하여 매각 시 배당절차에서, 위와 같이 갑구 8, 9번부터 잘못된 지분을 적절히 계산한다면 적정한 배당이 이루어질 수도 있을 것이며 이에 대하여 이의가 있다면 배당이의의 소를 통하여 해결하면 될 것이므로 지분합계가 1을 초과하더라도 등기부상의 지분대로 공유물분할을 할 수 있도록 이 사건 청구취지대로 판결하여 주시기를 청합니다.

2016. 11.   .

위 원고 이준○

춘천지방법원 강릉지원 귀중

춘천지방법원 강릉지원
화해권고결정

사건 2016가단 6○○○ 공유물 분할

원고 이준○

　　　수원시 영통구 중부대로 ○○○, ○○○호

　　　(영통동, 수원영통○○○○○○오피스텔)

　　　송달장소 평택시 평남로 ○○○○, ○○○호(동삭동, ○○○○타워)

피고 1. 노귀○

　　　　서울 양천구 목동동로 1○○, 1○○○동 7○○호

　　　　(신정동, 목동○○○○ 아파트)

　　　2. 노윤○

　　　　서울 마포구 망원로2길 4○, 3○○호(망원동, ○○맨션)

　　　3. 노종○

　　　　삼척시 원덕읍 호산2길 1○○(옥원리)

　　　4. 문부○

　　　　인천시 연수구 송도과학로2○번길 7○, 1○○동 18○○호

　　　5. 박상○

　　　　삼척시 원덕읍 삼척로 4○○(호산리)

6. 삼척시

　　강원 삼척시 중앙로 2○○

　　대표자 사장 김○○

7. 손차○

　　삼척시 원덕읍 삼척로 4○○(옥원리)

8. 송명○

　　서울 양천구 신목로 ○, 1○○동 3○○호(신정동, ○○ 아파트)

9. 이임○

　　삼척시 원덕읍 삼척로 4○○-1○(호산리)

10. 최관○

　　대전광역시 대덕구 법동 3○○-1○, 1○○동 2○○호(○○
　　○○ 아파트)

　위 사건의 공평한 해결을 위하여 당사자의 이익, 그 밖의 모든 사정을 참작하여 다음과 같이 결정한다.

결정사항

　삼척시 원덕읍 옥원리 1○○-9 대 455㎡를 경매에 부치고, 그 대금에서 경매 비용을 제외한 나머지 금액을 다음과 같이 지분에 따라 분배한다.

가. 원고 : 1410755904/6787463744 지분

나. 노귀○ : 687342178/6787463744 지분

다. 노윤○ : 343671089/6787463744 지분

삼척시의 변호사는 해결 의지가 없이
시간을 끄는 작전을 펼친다

삼척시에서 지분이 1이 넘으니 매각분할을 받아들이면 안 된다는 화해권고 결정에 이의제기를 해 재판은 다시 속행됐다. 재판은 다시 재개됐으며, 공유자가 매각분할을 원하기에 방법이 없다고 전제한 후 재판부에서 삼척시에게 필자의 토지 지분을 매입하면 어떻겠느냐고 제시했다. 그것을 삼척시에서 받아들일 수 없다면 매각분할하겠다며 합의 기간을 2개월 지난 후 재판일자를 다시 잡았다. 그러는 사이 재판부의 인사 이동으로 재판관이 변경됐다. 재판일자에 새로운 판사님이 이 사건을 정확히 파악하지 못했다며, 다시 재판일자를 2개월 후로 잡았다. 그러나 삼척시의 변호사는 해결 의지가 없이 시간을 끄는 작전을 펼쳤다. 삼척시 변호사의 주장을 줄여서 요약하자면 다음과 같다.

1. 지분의 합이 1이 넘어 분할매각하면 안 된다.
2. 지분을 매입하기 위한 합의 시간이 필요하다(한 번도 지분매각의 가격을 협상해온 적 없다).
3. 재협상하기 위한 시간이 더 필요하다(조정을 원하는 요구를 하지 않는다).
4. 분할매각도 반대하지 않는다.

따라서 원고 측에서는 더 이상의 시간낭비를 하지 말고 분할매각을 원한다는 답변을 제출했다.

화해권고결정에 대한 이의신청서

사건번호   2016가단■■ ■

원   고   이준■■
피   고   삼척■■ 외 9명

위 사건에 관하여 피고 삼척시는 2017. 2. 24. 귀 원으로부터 화해권고결정 조서 정본을 송달 받았으나, 본 사건 관련 삼척시 원덕읍 옥원리 12■■번지는 삼척시 원덕읍 옥원리 12■번지, 삼척시 원덕읍 옥원리 12■■번지, 삼척시 원덕읍 옥원리 12■번지, 삼척시 원덕읍 옥원리 12■■번지, 삼척시 원덕읍 옥원리 12■번지, 삼척시 원덕읍 옥원리 12■■번지, 삼척시 원덕읍 옥원리 12■번지, 삼척시 원덕읍 옥원리 12■■번지, 삼척시 원덕읍 옥원리 12■■번지의 토지 소유자간 구분소유적 공유관계가 있는 토지로서 삼척시 원덕읍 옥원리 12■■번지의 단일 필지로 경매분할시 구분소유적 공유관계 관련 토지들의 지분 및 현물분할 등 이해관계 분쟁 및 본 사건 해당 필지의 등기사항 공유 지분의 합이 1을 초과함과 본 사건 결정사항 지분의 합이 1 미만이므로 이에 불복하여 이의신청을 합니다.

2017. 3.   .

이의신청인 : 피고 삼 척 ■

연락처 033-570-■■■

춘천지방법원 강릉지원 귀중

❶ 건물이 없는 토지 지분 매입협의권자가 협의가 안 되어도 아쉬울 것 없어 시간을 끄는 것에 대안이 없었다.

❷ 지분의 합을 확인하지 않았다.

❸ 지분권자 중 지자체가 있었으며 계획도로가 있었다.

❹ 원덕읍의 발전 산업단지와 지구단위계획만 의지했다.

2016 타경 748
경상북도 영주시 이산면 지동리

2016 타경 748 (강제)		물번1 [배당종결] ▼		매각기일 : 2017-01-09 10:00~ (월)		경매2계 054-850-■■■
소재지	(■■■) 경상북도 영주시 이산면 지동리 ■■ ■■■ [도로명] 경상북도 영주시 이산로■■ ■■					
용도	대지	채권자	한0000	감정가		17,315,033원
지분토지	1034.67㎡ (312.99평)	채무자	전00	최저가		(34%) 5,940,000원
건물면적		소유자	전0000	보증금		(10%)594,000원
제시외	제외 : 139.7㎡ (42.26평)	매각대상	토지지분매각	청구금액		24,489,613원
입찰방법	기일입찰	배당종기일	2016-06-09(연기)	개시결정		2016-03-14

기일현황 ▼간략보기

회차	매각기일	최저매각금액	결과
신건	2016-10-10	17,315,033원	유찰
2차	2016-11-07	12,121,000원	유찰
3차	2016-12-12	8,485,000원	유찰
4차	2017-01-09	5,940,000원	매각
	낙찰8,170,000원(47%)		
	2017-01-16	매각결정기일	허가
	2017-02-20	대금지급기한 납부 (2017.02.13)	납부
	배당종결된 사건입니다.		

사건 개요

이 사건은 6필지의 이○, 전미○, 전애○가 각자 1/3지분으로 보유
하다가 전애○의 1/3 토지 지분만 경매로 진행된 사건이다. 현장답
사결과 47○번지의 주된 토지에 전우○의 개인 살림집이 있으며, 또

한 창고와 오래된 문화재급 건물이 있었다. 권리분석상 전우○이 거주하는 건축물은 법정지상권이 없다는 판단에 입찰을 결심해 감정가 17,325,000원의 토지를 8,170,000원에 낙찰 받았다.

현물이 너무 확실하며, 전우○에 대한 경제력 조사는 생략한 것이 실수의 시작이었다. 일단 소송을 해서 건축주와 협상해 거주하고 있는 건축주(전우○)에게 지분을 매도하려는 생각으로 건물철거 및 본인(구 전애○) 지분에 관한 토지를 인도하라는 소송을 제기했다.

지동리 47○번지에 우엄 고택 별당과 전우○의 주택

문화재급 건물은 '송월당'이고,
피고(전우○)의 소유도 아니며, 사용하지도 않는다

토지 지분을 매입하겠다는 협상의 제안이 올 줄 알았으나 뜻밖에 법률구조공단의 힘을 빌려 답변서를 제출했다. 중요내용은 피고 중 이○은 사망했으며, 문화재급의 건물은 송월당이라는 건물로 피고(전우○)의

	지번	지목	토지이용계획	비교표준지가	(지분)면적	단가(㎡당)	감정가격	비고
1	지동리 47○	대지	생산관리지역	14,000원	323㎡ (97.71평)	22,800원	7,364,400원	현황'주택부지' 969면적중 전애차지분 323전부 제시외건물로 인한감안감정
2	지동리 84△	전	생산관리지역	8,000원	170.67㎡ (51.63평)	18,200원	3,106,190원	512면적중 전애차지분 170.67전부
3	지동리 43○	대지	보전관리지역	4,900원	80.33㎡ (24.3평)	11,100원	891,660원	현황'전' 241면적중 전애차지분 80.33전부 제시외건물로 인한감안감정
4	지동리 84△	전	생산관리지역	8,000원	17.67㎡ (5.35평)	17,200원	303,920원	53면적중 전애차지분 17.67전부
5	지동리 44△	전	보전관리지역	4,900원	187.33㎡ (56.67평)	9,000원	1,685,970원	562면적중 전애차지분 187.33전부
6	지동리 43○	전	보전관리지역	4,900원	255.67㎡ (77.34평)	15,500원	3,962,890원	현황'일부 도로' 767면적중 전애차지분 255.67전부

명세서 요약사항 ▸ 최선순위 설정일자 2000.7.22.가압류

소멸되지 않는 등기부권리	해당사항 없음
설정된 것으로 보는 지상권	해당사항 없음
주의사항 / 법원문건접수 요약	일괄매각.공유자우선매수제한 조건있음.제시외건물매각제외.제시외건물감안시가격임.법정지상권성립 여부불분명.부동산2,5,6,7:농지취득자격증명미제출시보증금몰수.부동산3:지상수목매각제외.부동산7: 일부현황도로이고,지상의비닐하우스매각제외. ※본 사건의 등기부현황(건물/토지)은 대표번지에 대한 등기부현황으로 입찰에 참여하실경우 나머지 필지에 대한 등기부등본을 발급하셔서 소멸기준 권리를 확인하시기 바랍니다.

관련사건내역

서울중앙지방법원	2009가소2○○○○○	판결정본	관련사건보기
서울중앙지방법원	2009가소25○○○	판결정본	관련사건보기

전문가 권리분석

토지 임대차의 경우는 민법의 적용을 받습니다. 따라서 임대차 계약서 작성과 함께 등기를 해야 대항력이 인정됩니다. 임대차계약만 하고 등기 하지 않은 경우 토지 소유권이 변경되더라도 이에 대해서 새로운 소유주에게 종전의 계약을 근거로 대항할수 없 습니다.

6개의 필지 중 47○번지만 경제력 있는 토지

소유도 아니고, 우엄 고택(우엄 고택의 별채)은 사용하지도 않는 건물이다. 현재 거주하고 있는 살림집은 이번에 매입해 사용하고 있으며, 인근의 산소를 돌봐주는 조건으로 토지는 임대차하고 있기에 차지권이 있으 며, 지료청구는 부당하다는 내용이었다.

법률구조공단의 도움을 받아 답변서를 제출했기에 조사해본 결과, 전우○은 부부가 장애인으로 생활보호대상자이기에 법률구조공단에서 무료변론을 해주고 있었다. 법률구조공단을 상대로 소송을 해야 하는 힘든 싸움이 시작됐다.

준 비 서 면

사 건   2017가단 1○○○ 공유물분할 등
원 고   김주○
피 고   이○ 외 2

위 사건에 관하여 피고 3. 전우○의 소송대리인은 다음과 같이 변론을 준비하고자 합니다.

– 다 음 –

1. 원고 주장의 요지

원고는 자신이 영주시 이산면 지동리 43○, 같은 리 43○, 같은 리 44○, 같은 리 47○, 같은 리 84○, 같은 리 84○-1 전에 관하여 2017. 2. 13. 3분의 1 지분을 취득하여 공유한 자인데 공유물 분할을 주장하며, 피고 3. 전우○에게는 같은 리 43○ 및 47○ 토지 지상에 무단으로 건물을 소유하여 토지를 점유하고 있으므로 위 토지 지상 각 건물을 철거하여 각 토지를 인도하고, 지료 상당의 부당이득반환으로 연 1,180,000원을 지급하라는 취지로 주장합니다.

2. 소유관계 등에 관하여

가. 각 토지에 관하여

위 영주시 이산면 지동리 43○, 43○, 44○, 47○, 84○, 84○-1 토지는 당초 전 씨 문중 일원의 소유였으나, 1976년 12월 14일에 상속을 원인으로 하여 피고 이○, 피고 전미○, 소외 전애○가 각 3분의 1지분씩 소유하게 됐습니다. 이후 위 각 토지 중 위 전애○의 3분의 1지분에 관하여, 강제경매가 이루어져 낙찰 받은 원고가 2017. 2. 21. 위 각 지분에 관한 소유권이전등기를 경료하였습니다.

나. 각 건물에 관하여

1) 원고가 피고 전우○에게 영주시 이산면 지동리(이하 '지동리'로만 표기합니다) 43○ 지상 이 사건 소장 별지 2도면 표시 1, 2, 3, 4, 1의 각 점을 순차로 연결한 선내 (가)부분 12.5㎡(이하 '(가)건물'이라 합니다), 같은 리 47○ 지상 이 사건 소장 첨부 별지 3도면 표시 5, 6, 7, 8, 5의 각 점을 순차로 연결한 선내 (나)부분 89.7㎡(이하 '(나)건물'이라 합니다), 위 별지 3도면 표시 9, 10, 11, 12, 9의 각 점을 순차로 연결한 선내 (다)부분 18㎡(이하 '(다)건물'이라 합니다),[1] 위 별지 3도면 표시 13, 14, 15, 16, 13의 각 점을 순차로 연결한 선내 (라)부분 19.5㎡(이하 '(라)건물'이라 합니다)의 각 철거를 구하고 있습니다.

2) 피고 전우○은 1992년경 소외 전하○로부터 위 건물 중 (나), (다)건물을 매수하여 그때부터 거주하여 왔으며, 그 이후 (가)건물을 축조하였습니다(을 제1호증 부동산 매매계약서 중 특약사항 참조). 위 각 건물은 미등기 상태였으나, 이후 위 건물 중 (나)건물에 관하여, 피고 전우○은 2017. 2. 6. 위 전하○ 명의로 소유권보존등기, 같은 날 자신의 명의로 소유권이전등기를 각 경료하였습니다. 각 건물의 실제 용도를 살펴보면 (가)건물은 원두막, (나)건물은 피고 전우○이 거주하는 주택, (다)건물은 창고입니다.

---

1) (다)건물은 원고가 공유지분을 보유하고 있지 않은 지동리 46○ 토지 지상에도 건축되어 있는 것으로 보이는 바, 원고가 전체의 철거를 구할 수 있는지 의문입니다.

3) 한편, (라)건물에 관하여, 이는 '송월당'이라고 칭하는 조선시대 후기 건물로써 옥천 전 씨 문중의 정자로 피고 전우○의 소유가 아니며 사용하고 있지도 않습니다. 따라서, 위 정자에 관하여 어떠한 권한도 없는 피고에게 이를 철거하라는 원고의 주장은 이유 없다고 할 것입니다.

3. 무단점유 주장에 관하여

가. 공유자는 공유물 전부를 지분의 비율로 사용·수익할 수 있으며(민법 제263조), 공유물의 관리에 관한 사항은 공유자의 지분의 과반수로써 결정되는 바, 공유자가 공유물을 타인에게 임대하는 행위 및 그 임대차계약을 해지하는 행위는 공유물의 관리행위에 해당하므로 민법 제265조 본문에 의하여 공유자의 지분의 과반수로써 결정하여야 한다고 할 것입니다(대법원 1962. 4. 4. 신고 62다1판결, 대법원 2010. 9. 9. 선고 2010다37905 판결 참조). 한편, 공유자 간의 공유물에 대한 사용수익·관리에 관한 특약은 공유자의 특정 승계인에 대하여도 당연히 승계된다고 할 것입니다(대법원 2005. 5. 12 선고 2005다 1827 판결 참조)

나. 위 전하○가 어떠한 경위로 위 지동리 47○ 지상에 (나), (다)건물을 소유하게 됐는지 현재 정확히 알 수는 없으나 위 전하○는 1976년경에 (나)건물을 원 소유자로부터 50만 원에 구매하였고, 토지 임대료로 피고 이○에게 연 쌀 5말을 지불하였다고 합니다(당초 위 토지들이 전 씨 문중의 토지였기에 위 문중에서는 같은 문중 일원으로 하여금 건물을 지어 사용할 수 있도록 허락하였다고 합니다). 어찌 됐든 1976년경(상속 일시로부터 고려하면 1961년경)부터 지동리 43○, 47○ 토지의 소유자인 피고 이○, 피고 전미○, 위 전애○ 역시 모두 전 씨 문중의 일원으로 피고 전우○에게 인근에 있

는 산소를 관리해주는 대신 연 차임을 받지 않겠다고 하며 토지를 임대해주었고, 일종의 기한의 정함이 없는 토지 임대차 관계가 형성됐습니다. 그렇기에 피고 전우○은 약 20여 년간 (나)건물에서 거주하여 왔으며, 위 피고 이○, 피고 전미○, 위 전애○ 모두 단한 차례도 이의를 제기한 바 없습니다(현재 피고 이○은 사망한 것으로 알고 있습니다).

다. 한편, 건물 소유를 목적으로 한 토지 임대차는 지상건물을 등기한때 제3자에 대하여 임대차의 효력이 생긴다고 할 것인 바, 피고 전우○은 적어도 (나)건물에 관하여 원고가 지동리 47○ 토지에 관한 공유지분을 취득하기 전인 2017년 2월 6일에 위 건물에 대한 소유권이전등기를 경료하여 제3자에 대하여도 임대차의 효력을 주장할수 있습니다. 또한, 위와 같이 지동리 43○, 47○ 각 토지의 종전 공유지분자인 피고 이○, 위 전애○, 피고 전미○자와의 사이에 적법하게 임대차 관계가 형성됐고, 특히 원고가 취득한 공유 지분은 3분의 1의 지분에 불과하여 지분의 과반수를 넘지 아니하며 나머지 지분권자들의 의사에는 변동사항이 없었는 바, 피고 전우○의 점유는 적법한 점유라고 할 것이며 무단 점유라고 할 수는 없습니다.

라. 따라서 무단 점유임을 근거로 하는 원고의 피고 전우○에 대한 건물철거 및 토지 인도 청구는 받아들일 수 없습니다.

4. 부당이득금에 관하여

피고 전우○은 과반수 지분 공유자로부터 사용, 수익을 허락받은 것이므로 그 점유로 인하여 소수 지분권자에 대하여 법률상 원인 없이 이득을 얻고 있다고는 볼 수 없습니다(대법원 2002. 5. 14. 선고 2002다9738 판결). 가사 지료 상당의 부당이득금을 지급하여야 한다고 하더라도 원고는 피고 전우○에게 지동리 43○, 47○ 토지의 감정평가액인 11,799,010원의 10%에 해당하는 금 1,180,000원을 구하고 있으나, 이것은 원고가 자의적으로 산정한 것으로 지료에 관한 어떠한 객관적 근거도 없다고 할 것입니다.

5. 조정 의사에 관하여

피고 전우○의 경우 이 사건 관련하여 주택이 위치한 47○ 지상 토지에 관한 원고 지분 매수 등 원만한 해결을 위하여 조정 의사가 있는 점 참고하여 주시기 바랍니다.

6. 결어

이상과 같이 원고의 피고 전우○에 대한 청구는 이유 없으므로 전부 기각하여 주시기 바랍니다.

45○번지 우엄 고택, 47○번지 고택 별채와 전우○ 주택

출처 : 스마트국토정보 지적항공지도

47○번지의 전우○ 주택과 우엄 별채

출처 : 다음지도 항공사진

차지권의 주장에 대해
민법 622조의 차지권 정의

건물의 소유를 목적으로 한 토지 임대차는 이를 등기하지 아니한 경우에도 임차인이 그 지상 건물을 등기한 때에는 제3자에 대해 대항력이 생긴다. 법률구조공단의 권리분석은 법정지상권은 없어도 차지권은 있을 수 있다는 주장이다. 물론 차지권이 인정된다 해도 지료는 받을 수 있다.

차지권을 인정받기 위한 여건은 다음과 같다. 첫 번째, 토지 임대차 계약과 그동안 임대인에게 지불한 임료 입증자료를 제출해야 한다. 두 번째, 건물을 본인 이름으로 등기를 해야 차지권을 인정받을 수 있다. 즉 임대차가 아닌 사용대차는 차지권 성립이 안 된다.

47○번지의 지분만 매입하겠다는 답변

생활보호대상자를 대상으로 소송하는 것을 원한 것은 아니지만, 이제는 어쩔 수 없기에 다시 답변서를 제출했다. 원고의 지분매각할 의사가 있음을 밝히자 6필지의 토지 중 본인이 거주하고 있는 47○번지의 지분만 매입하겠다는 답변에 그 협상은 받아들일 수 없으며, 6필지 전부의 지분을 매입해야 협상하겠다고 해서 결국 1,400만 원에 조정됐다. 결국 평당 약 5만 원에 매도한 것이다. 나중에 안 사실이지만, 47○번지 안에 있는 송월당은 옆 토지에 있는 우엄 고택의 별당이었다.

매도 후 이번 일이 아니면 평생 남의 토지에 거주하며, 내가 아니라도 언제라도 이번과 같은 사건이 벌어질 수도 있을 것이라는 위로를 한다. 협상으로 매도하겠다는 생각으로 입찰한다면, 사전에 협상 당사자의 경제력을 반드시 조사해야 한다는 사례다. 법정지상권이 없는 건물의 철거소송은 간단하지만, 법률구조공단의 법리적인 논리로 차지권을 주장해 하마터면 다른 결과가 됐을 수도 있었던 사건이었다. 따라서 독자 여러분들도 이러한 일이 있을 수도 있다는 사실을 알 수 있게 공단의 준비서면과 필자 쪽의 답변서 전문을 수록한다.

준 비 서 면

사   건   2047 가단 1○○○ 공유물분할 등
원   고   김주○
피   고   이○ 외

위 당사자 간 귀원에 계류 중인 위 사건과 관련하여 원고는 피고 전우○의 2017. 6. 20자 준비서면에 대하여 다음과 같이 변론을 준비합니다.

– 다 음 –

1. 피고 전우○의 주장요지

피고 전우○은 2017년 6월 20일 준비서면에서,

첫째, 원고의 건물철거청구에 대하여 피고는 임대차 또는 사용대차에 기하여 건물을 소유 및 사용하고 있으므로 철거의무가 없다는 주장,

둘째, 이 사건 (라)건물은 피고 전우○의 소유가 아니므로 철거의무가 없다는 주장,

셋째, 원고의 지료청구는 그 금액이 객관적 근거가 없다는 주장,

넷째, 이 사건 주택이 위치한 47○번지의 원고지분을 매수할 의사가 있다는 주장입니다.

2. 조정의사에 관하여

피고 전우○은 이 사건 철거대상 건물 중 (나)건물의 부속 토지인 지동리 47○ 대 969㎡ 중 원고의 지분 3분의 1을 매수할 의사가 있다고 주장하나, 원고로서는 위 47○번지 토지 외에 다른 토지들도 각 3분의 1 지

분을 공유하고 있는 바, 피고가 원하는 대로 47○번지 한필지만 피고에게 소유권을 넘긴다면 나머지 필지들은 쓸모없는 토지가 될 것이므로 이에 응할 수 없습니다. 피고 전우○이 47○번지 한 필지가 아니라, 이 사건 관련 전체 토지의 원고 지분을 모두 매수할 의사가 있다면, 원고도 가격절충을 통하여 피고에게 매도할 의사가 있음을 분명히 밝힙니다.

3. 지료상당 부당이득금에 대하여

원고는 처음 소 제기 시 지료상당 부당이득금에 대하여 대략적으로 우선 청구한 것이며, 피고 전우○과 매도 매수의 조정이 성립되지 않을 경우에는 지료감정을 통하여 지료상당 부당이득금을 특정하고 이에 따라 청구취지를 변경하겠습니다.

4. 이 사건 (라)건물에 관하여

피고가 다른 건물은 모두 본인 소유임을 인정했으나, (라)건물에 관하여 소유권이 종중에 있으므로 철거의무가 없다고 하므로 이 부분도 매도 매수 조정이 이루어지지 않을 경우, 향후 지료상당 부당이득금과 함께 청구취지를 변경하겠습니다.

5. 철거의무 부인 주장에 관하여

피고의 주장에 의하면, 피고는 1992년경 소외 전하○로부터 이 사건 건물 중 (나), (다)건물을 매수했고, 그 후 (가)건물을 신축했고, 그 후 (나)건물에 관하여 2017년 2월 6일 소외 전하○ 명의의 소유권보존 등기 및 피고로의 소유권이전등기를 경료했고, 소외 전하○가 어떤 경위로 이 사건 건물을 소유하게 됐는지 정확히는 알 수 없으나, 소외인의 이야기는 1976년경 건물을 50만 원에 구입했고, 피고 이○에게 1년에 쌀 5말을 지불했다고 합니다(차임을 지급했다는 주장은 임대차 관계의 주장으로 간주). 그런데 피고는 바로 밑에서 전혀 다른 주장, 즉 동일한 시기인 1976년경부터 같은 전씨 문중의 일원인 피고 전우○에게 인근 산소를 관리하는 조건으로 차임 없이 이 사건 토지들을 임대(이는 사용대차에 해당함)해주었다고 합니다.

1976년에 종중에서 토지를 피고 전우○에게 무상 사용대차로 빌려주고, 또 같은 시기에 소외 전하○에게는 건물에 대한 지료 연 쌀 5말을 받았다는 것이고, 1992년경 피고 전우○이 소외 전하○로부터 전하○ 소유의 이 사건 건물 (나), (다)를 구입했다는 것입니다. 피고의 주장에 뭔가 앞뒤가 맞지 않는 부분이 있으나, 결국 피고의 주장은 토지 임대차 또는 사용대차관계를 들어 건물철거 의무가 없다는 주장으로 볼 수 있습니다. 타인 토지 위에 건물을 소유한 자는 토지 소유자의 소유권을 침해하고 있으므로 당연히 건물을 철거하고 토지를 인도할 의무가 있습니다.

다만, 토지 소유자의 건물철거에 대항할 수 있는 권원이 있다면 철거의무를 면하게 될 것인데, 건물 소유의 정당한 권원으로 법정지상권, 임대차, 사용대차 등을 들 수 있습니다. 위와 같은 정당한 권원에 의하여 건물을 소유하고 있을 경우, 철거의무는 없다 하더라도 지료를 지급하여야 할 의무는 당연히 있습니다. 피고는 건물 소유의 정당한 권원으로 임대차 또는 사용대차를 주장하고 있는 바, 이에 대하여 신빙성 있는 증거를 제시하여야 할 것입니다.

임대차 또는 사용대차에 관하여 증거에 의하여 입증하지 못하는 한 피고의 건물 소유는 불법으로 간주되고, 당연히 건물을 철거하고 토지를 인도하여야 할 의무가 있다 할 것입니다. 그리고 임대차와 사용대차는 그 권원의 성격이 확연히 차이가 있으므로 어떤 주장을 하고 있는 것인지 확실히 하여야 할 것입니다.

사용대차의 경우 민법 제613조 제2항에 의거하여 사용수익에 족한 기간이 경과한 경우 대주는 언제든지 계약을 해지할 수 있으므로 원고는 이 사건 소장부본의 송달로 사용대차계약의 해지통보에 갈음합니다.

임대차의 경우 민법 제651조 제1항에 의거하여 최장기간 20년의 적용에 있어 견고한 건물 등이 축조된 경우에 20년을 넘을 수는 있다 하더라도, 임대차기간을 무한으로 정할 수는 없다는 것이 통설입니다. 또, 이 사건 토지에 대한 임대차는 주택임대차보호법 등 특별법이 아니라 민법상의 임대차 규정이 적용되는 것이므로, 채권인 임차권보다 물권인 소유권이 우선하므로, 원고는 이 사건 소장부본의 송달로 임대차계약의 해지통보에 갈음합니다.

6. 결어

이 사건 토지들은 원고 및 피고 이○, 전미○ 3인의 공유인 바, 공유물분할의 원칙적 모습은 현물분할이나, 현물분할에 대하여 전혀 협의가 되지 않고 있을 뿐 아니라, 일부 토지에는 피고 전우○ 소유의 건물이 존재하는 등의 사유가 있으므로 이는 현물분할이 아닌 경매를 통한 대금분할의 방법으로 공유물을 분할하여야 할 특별한 사정에 해당한다고 할 것이므로 원고의 청구취지대로 경매분할 판결을 하여 주시기 바랍니다. 그리고 피고 전우○의 건물철거의무 부인에 대하여는 피고 전우○이 원고의 이 사건 토지들의 지분 전부를 매수할 의사가 있다면 이에 응할 것이므로 의사를 타진하여 주시고, 그것이 여의치 않을 시에는 피고 주장의 임대차 또는 사용대차 관계가 사실에 부합하는지 심사하여 주시고 그에 맞추어 판결하여 주시기를 청합니다.

첨 부 서 류

1. 준비서면 부본   3통

2017. 7.   .
위 원고 김주○

대구지방법원 안동지원 귀중

준 비 서 면

사 건 2017가단▒▒▒ 공유물분할 등

원 고 김 주▒

피 고 전 우▒

위 사건에 관하여 피고 전우▒의 소송대리인은 다음과 같이 변론을 준비하고자 합니다.

다 음

1. (라) 건물에 대하여

원고는 청구취지변경신청을 통하여도 여전히 피고 전우▒에게 (라)건물의 철거를 구하고 있습니다. 그러나 피고 전우▒이 (가), (나), (다) 건물을 모두 자신이 소유하고 있음을 인정하고 있는 이상, 면적이 넓지 않은 (라) 건물이 자신의 소유라면 굳이 이를 부인할 이유가 없다고 할 것입니다. 그러나 위 (라) 건물은 전씨 문중의 소유로 피고 전우▒이 점유하고 있지도 아니한바, 현재 피고 전우▒이 점유 내지 소유하고 있지 아니하는 (라) 건물에 대하여까지 철거를 주장하는 것은 부당하다고 할 것입니다. 피고 전우▒이 위 (라) 건물을 소유 내지 점유하고 있다는 점에 관하여는 원고가 밝혀야 할 것입니다.

- 1 -

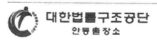

대한법률구조공단
안동출장소

경상북도 안동시 강남5길 ▒▒ ▒▒
TEL : 054-856-▒▒▒▒   FAX : 054-856-▒▒▒▒

2. 소유 및 임대차관계에 관하여

가. 원고는 피고 전우■이 2017. 6. 20.자 준비서면에 의하여 '피고 전하■가 1976년 경 (나) 건물을 50만원에 구입하였고 망 이■에게 1년에 쌀 5말을 지불하였다고 하였는데, 동일한 시기인 1976년부터 망 이■, 피고 전미■ 피고 전애■가 피고 전우■에게 인근 산소를 관리하는 조건으로 차임없이 이 사건 토지를 임대 내지 사용대차해 주었다' 고 주장하나, 앞뒤가 맞지 않는다고 주장하나, 이는 원고가 피고 전우■ 측 준비서면의 문맥의 의미를 잘못 이해한 것으로 보입니다.

나. 피고 전우■은 우선 위 준비서면 제2의 나 2)항에서 피고 전우■이 '1992년경' 소외 전하■로부터 지동리 47■ 지상 (나), (다) 건물을 매수하여 그때부터 거주하여 왔으며, 이후 (가) 건물을 축조하였음을 분명히 밝혔습니다. 이후 제3항에서 무단점유에 관한 입장을 밝히며, 위 전하■가 1976년경 지동리 470 지상 (나) 건물을 원소유자로부터 50만원에 구매하였고, 토지 임대료로 망 이■에게 연 쌀5말을 지불하였으며, '1976년부터 지동리 43■,47■ 토지의 소유자인' 망 이■, 피고 전미■, 피고 전애■가 피고 전우■에게 인근에 있는 산소를 관리해주는 대가로 토지를 임대하여 주었으며, 피고 전우■이 (나) 건물에서 약 20여년간 거주하였다는 점을 밝혔습니다.

다. 즉, 망 이■ 피고 전미■, 피고 전애■의 위 지동리 43■, 470 각 토지에 대한 소유권취득시기가 1976년경부터라는 점, 그 이후 현재에 이르기까지 전하■, 피고 전우■에게 별다른 이의없이 위 각 토지를 임대하여 온 점을 강조한 것이지 피고 전우■이 1976년경부터 위 지동리 43■, 47■ 각 토지를 임차 내지 사용대차하였다는 의미가 아님

- 2 -

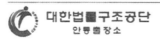
대한법■구조공단
안동■장소

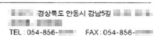
■ ■■ 경상북도 안동시 강남5길 ■■ ■■■
■ ■■■■ ■■■■■
TEL : 054-856-■■■■   FAX : 054-856-■■■■

니다.

라. 한편, 원고는 피고 전우■의 위 각 토지 이용관계에 관하여 무상의 사용대차라고 주장하는 것으로 보이나 '인근 산소를 관리해주는 대가 관계' 가 있어 임대차 관계에 해당한다고 할 것입니다. 원고가 제출한 갑 제4호증의 1(현황조사서)에도 피고 전우■ 이 임차인임이 명시되어 있습니다. 구체적인 토지 이용 관계에 관하여는 피고 전우■ 이 고령이고 주도적으로 임대차 관계를 형성한 망 이■이 사망한 관계로, 현재 피고 전우■의 아들이 이 관계를 밝힐 수 있도록 수소문 중입니다.

3. 조정에 관하여

원고의 희망 조정의사에 관하여 피고 전우■ 측과도 논의 중입니다. 추후 다른 피고 들에 대한 송달이 확인된 후 입장을 다시 밝혀도록 하겠습니다.

첨 부 서 류

1. 위 준비서면 부본   1통

2017. 9. .

위 피고 전우■의 소송대리인

변호사 류 은 ■ (인)

대구지방법원 안동지원 민사 제1단독 귀중

- 3 -

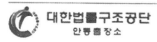

대한법률구조공단
안동출장소

경상북도 안동시 강남5길 ■■·■■
TEL : 054-856-■■■   FAX : 054-856-■■■

대구지방법원 안동지원
조 정 조 서

사   건   2017가단▒▒   공유물분할

원   고   김주▒ (580724-▒▒▒▒)

　　　　　　　부산 동구 수정공원로 ▒▒▒ ▒▒▒▒▒ ▒ ▒▒▒ ▒ ▒▒▒▒▒▒▒▒

　　　　　　　송달장소: 평택시 평남로 ▒▒▒▒ ▒▒▒▒ ▒ ▒▒ ▒ ▒▒▒▒

피   고   3. 전우▒ (450714-▒▒▒▒)

　　　　　　　영주시 이산면 이산로914번길 ▒

　　　　　　　피고3 소송대리인 변호사 류은▒

　　　　　　　4. 전현진 (600909-▒▒▒▒)

　　　　　　　대구 달성군 옥포면 돌미로 ▒▒ ▒▒▒▒▒ ▒▒▒▒ ▒▒ ▒▒▒▒

조정장판사   이   인   ▒   기   일 : 2018. 1. 23.   14:00

조 정 위 원   김   상   ▒   장   소 : 2층 조정실

조 정 위 원   오   동   ▒   공개여부 : 공   개

법 원 주사보   조   혜   ▒

원고   김주▒   출석

피고3 및 소송대리인 변호사 류은▒   4. 전현▒   가 출석

다음과 같이 조정성립

조 정 조 항

1. 피고 전우▒은 2018. 2. 1.까지 원고에게 14,000,000원을 지급한다.

2. 원고는 2018. 2. 1.까지 피고 전우▒ 에게, 영주시 이산면 지동리 ▒▒ 대 241㎡, 영
   주시 이산면 지동리 ▒▒▒ 전 767㎡, 영주시 이산면 지동리 ▒▒ 전 562㎡, 영주시 이
   산면 지동리 ▒▒ 대 969㎡, 영주시 이산면 지동리 ▒▒ 전 512㎡, 영주시 이산면 지
   동리 ▒▒ 전 53㎡ 중 원고의 지분인 각 1/3 지분에 관한 소유권이전등기절차를

이행한다.

3. 제1항과 제2항의 의무이행은 동시이행관계로 한다.

4. 원고는 피고 전우█, 전현█게 대한 청구를 포기한다.

5. 소송비용 및 조정비용은 각자 부담한다.

청 구 의 표 시

청구취지

1. 별지 1 목록 기재 토지를 경매에 붙이고 그 대금에서 경매비용을 공제한 나머지 금액을 각 원고에게 9분의 3, 피고 전미█에게 9분의 4, 피고 전현█에게 9분의 1, 피고 전애█에게 9분의 1 지분에 따라 분배하라.

2. 피고 전우█은 원고에게,

　가. 별지 1 목록 1번 토지 지상의 별지 2 도면 표시 1, 2, 3, 4, 1의 각점을 순차로 연결한 선내 (가)부분 목조 스레트지붕 단층창고 약 12.5㎡, 별지 1 목록 4번 토지 지상의 별지 3 도면 표시 5, 6, 7, 8, 5의 각점을 순차로 연결한 선내 (나)부분 블록조 스레트지붕 주택 약 89.7㎡, 9, 10, 11, 12, 9의 각점을 순차로 연결한 선내 (다)부분 블록조스레트지붕 창고 약 18㎡, 13, 14, 15, 16, 13의 각점을 순차로 연결한 선내 (라)부분 목조 고기와지붕 주택 약 19.5㎡의 각 건물을 철거하고 별지 1 목록 기재 1번, 4번 토지를 인도하고,

　나. 2017. 2. 13.부터 위 토지인도 완료일 또는 원고의 위 토지소유권 상실일까지 연 금1,180,000원을 지급하라.

3. 소송비용은 피고들이 부담한다.

4. 제2항은 가집행 할 수 있다.

실수의 핵심

❶ 47○번지에 전우○의 주택과 우엄 별채가 동일 필지에 존재해 별채를 전우○의 소유로 착각해 반드시 건물주와 협상이 될 것으로 판단했다.

❷ 그러나 마당에 있는 고택이 우엄 고택의 별채이며, 피고소인이 사용하지 않는 건물이었다.

❸ 피고소인인 부부가 경제력이 부족하며 장애인이었다.

❹ 6개의 필지 중 4○0번지만 경제력 있는 토지였다.

2015 타경 2597
충청남도 논산시 연무읍 금곡리

2015 타경 2597 (강제)		매각기일 : 2016-06-07 10:00~ (화)			경매2계 041)746- ■■■
소재지	충청남도 논산시 연무읍 금곡리 ■■■ 외4필지				
용도	대지	채권자	와 OOOOOOOOOOOOOOOOOOOOOO	감정가	11,389,520원
지분토지	165.76㎡ (50.14평)	채무자	김OO	최저가	(64%) 7,290,000원
건물면적		소유자	김OOOO	보증금	(10%) 729,000원
제시외	제외 : 328.1㎡ (99.25평)	매각대상	토지지분매각	청구금액	30,000,000원
입찰방법	기일입찰	배당종기일	2015-09-25	개시결정	2015-06-25

기일현황 ▼간략보기

회차	매각기일	최저매각금액	결과
신건	2016-03-28	11,389,520원	유찰
2차	2016-05-02	9,112,000원	유찰
3차	2016-06-07	7,290,000원	매각
	낙찰8,010,000원(70%)		
	2016-06-14	매각결정기일	허가
	2016-07-20	대금지급기한 납부 (2016.06.28)	납부
	2016-08-05	배당기일	완료
	배당종결된 사건입니다.		

사건 개요

이 사건은 6명이 총 5필지의 토지 중 지분매각 중 27○-3의 토지는 지목이 '전'으로 농취증이 필요한 경우다. 그러나 27○-3의 토지에 건축물이 건축되어 농취증 발급이 불가했고, 수원의 국토정보지리원에서

1971년 이전부터 건축된 것이 확인되어 농지법상 농지가 아니라는 판단으로, 지분권자 중 한 명인 김영○ 지분 6/75, 감정가 11,389,520원의 물건을 8,010,000원에 경매로 낙찰 받았다. 낙찰 후 현재 거주자인 차택○과 협의해 낙찰 받은 지분을 12,000,000원에 제시했으나 협의가 이루어지지 않았다. 따라서 건물철거 및 토지 매각 분할 소송을 제기했다.

27○-3 전의 토지에 위치한 건물

연무읍 금곡리 27○-3 전(지목)의 주택

출처 : 다음지도 항공사진

출처 : 스마트국토정보 지적항공지도

지료감정을 신청하라는 재판부의 요청

따라서 차택○ 소유의 건물을 철거하고, 철거할 때까지의 지료청구 소송을 제기했으며, 지료를 청구하려면 지료감정을 신청하라는 재판부의 요청에 난감해졌다. 몇 백만 원 정도의 수익을 위해 합의의 지렛대로 이용하기 위해서 지료청구를 했으나, 재판부의 지료감정신청을 받아들이기도, 안 받아들일 수도 없었다. 결국 지료감정을 신청했다.

공유물분할 등 청구의 소

청 구 취 지

1. 별지 1 목록 1번 토지를 경매에 붙이고 그 대금에서 경매비용을 공제한
   나머지 금액을 각 원고에게 75분의 3, 피고 김세■에게 75분의 4, 피
   고 전재■에게 75분의 3, 피고 차만■에게 75분의 10, 피고 차성■에게
   75분의 10, 피고 차승■에게 75분의 10, 피고 차택■에게 75분의 35 지분
   에 따라 각 분배하고, 별지 1 목록 2 내지 5번 토지를 경매에 붙이고 그
   대금에서 경매비용을 공제한 나머지 금액을 가 원고에게 75분의 3, 피고
   김세■에게 75분의 4, 피고 전재■에게 75분의 3, 피고 차만■에게 75분의
   10, 피고 차성■에게 75분의 10, 피고 차택■에게 75분의 35, 피고 박찬■
   에게 75분의 10 지분에 따라 각 분배하라.

2. 피고 차택■은 원고에게,

   가. 별지 2 도면 1, 2, 3, 4, 5, 11, 1의 각점을 순차로 연결한 선내 (ㄱ)부
       분 조적조 기와지붕 단층주택 및 창고 약 123.8㎡, 5, 6, 7, 10, 11, 5
       의 각점을 순차로 연결한 선내 (ㄴ)부분 철파이프조 기와지붕 단층
       창고 약 19.2㎡, 7, 8, 9, 10, 7의 각점을 순차로 연결한 선내 (ㄷ)부분
       조적조 기와지붕 단층 화장실 약 7.5㎡, 22, 23, 25, 26, 22의 각점을
       순차로 연결한 선내 (ㄹ)부분 목조 기와지붕 단층 주택 약 55.8㎡,
       12, 13, 22, 26, 20, 21, 12의 각점을 순차로 연결한 선내 (ㅁ)부분 경
       량철골조 스레트지붕 단층 창고 약 23㎡, 26, 25, 23, 24, 19, 20, 26의
       각점을 순차로 연결한 선내 (ㅂ)부분 철파이프조 판넬지붕 단층 채양
       약 26.6㎡, 13, 14, 24, 23, 22, 13의 각점을 순차로 연결한 선내 (ㅅ)

부분 경량철골조 강관기와지붕 단층 창고 약 29.3㎡, 14, 15, 16, 17,

18, 19, 24, 14의 각점을 순차로 연결한 선내 (ㅇ)부분 목조 함석지붕

단층 창고 약 42.9㎡의 각 건물을 철거하고 별지 1 목록 2번, 3번 토

지를 인도하고,

나. 2016. 6. 28.부터 위 토지인도 완료일까지 월 금50,000원을 지급하라.

3. 소송비용은 피고들이 부담한다.

4. 제2항은 가집행 할 수 있다.

라는 판결을 구합니다.

청 구 원 인

1. 토지의 공유관계

충청남도 논산시 연무읍 금곡리 ▇ 대 1124㎡(이하 "이사건토지들" 이라

함)는 원고가 75분의 3, 피고 김세▇이 75분의 4, 피고 전재▇이 75분의 3,

피고 차만▇이 75분의 10, 피고 차성▇이 75분의 10, 피고 차승▇이 75분의

10, 피고 차택▇이 75분의 35 각 지분으로 공유하고 있습니다(갑제1호증의 1

호 부동산등기사항증명서 참조).

또, 충청남도 논산시 연무읍 금곡리 ▇▇ 대 337㎡, 같은 곳 ▇▇▇ 전 436

㎡, 같은 곳 ▇▇▇ 대 89㎡, 같은 곳 ▇▇▇ 대 86㎡(이하 "이사건토지들" 이

라함)는 원고가 75분의 3, 피고 김세▇이 75분의 4, 피고 박찬▇가 75분의

10, 피고 전재▇이 75분의 3, 피고 차만▇이 75분의 10, 피고 차성▇이 75분

의 10, 피고 차택▇이 75분의 35 각 지분으로 공유하고 있습니다(갑제1호증

의 2 내지 5호 각 부동산등기사항증명서 참조).

2. 분할의 필요성 및 그 방법

이사건 토지는 위와 같이 각 8인의 공동소유로 되어있어 원고와 피고들 모두가 재산권행사에 많은 제약을 받고 있는 바, 각 공유지분에 따라 분할을 할 필요가 있습니다.

그런데 이사건 토지는 8인이 공유하고 있고, 별지 1 목록 2번, 3번 지상에 피고 차택█ 소유의 미등기무허가 건물이 존재하여 현물로 분할하는 것은 거의 불가능하다 할 것이므로, 경매에 붙여 그 대금에서 경매비용을 차감한 나머지 금전을 가지고 각 공유자의 지분에 따라 현금으로 분할하는 것이 가장 적절한 방법입니다.

3. 건물의 소유 및 토지소유권의 침해

이사건 토지들 중 별지 1 목록 제2번, 제3번 토지의 지상에는 피고 차택█ 소유의 미등기 무허가 건물(이하 "이사건건물" 이라함)이 존재합니다(갑제4호증 현황조사서, 갑제6호증 감정평가서 참조).

피고 차택█은 위와 같이 이사건 토지들 중 일부토지 지상에 무단으로 건물을 소유하면서 원고의 이사건 토지들의 소유권(공유지분)을 침해하고 있다 할 것이므로 피고 차택█은 원고에게 이사건 건물을 철거하고 이사건 토지들을 인도할 의무가 있습니다.

4. 지료 상당의 부당이득 청구

고 있으므로 원고가 소유지분을 취득한 2016. 6. 28.부터 이사건 건물의 철거 및 이사건 토지들의 인도완료일까지 지료상당의 부당이득을 하고 있다 할 것이므로, 원고는 우선 원 금50,000원을 청구합니다.

5. 결어

위와 같은 사유로 원고는 이사건 건물의 철거 및 이사건 토지들의 인도 및 피고들과의 공유관계를 청산하고자 청구취지와 같은 형태의 공유물 분할 판결을 구하기에 이른 것입니다.

입 증 방 법

1. 갑 제1호증의 1 내지 5   부동산등기사항증명서   각 1봉
1. 갑 제2호증의 1 내지 5   토지대장   각 1통
1. 갑 제3호증   지적도
1. 갑 제4호증   현황조사서
1. 갑 제5호증   매각물건명세서
1. 갑 제6호증   감정평가서

첨 부 서 류

1. 위 입증방법   각 8통
1. 소장부본   7통

답 변 서

사　　건　　2016 가단 ▓▓ 공유물분할 등

원　　고　　김　종 ▓

피　　고　　김　세 ▓ 외 6명

위 당사자간 귀원 2016 가단 ▓▓ 공유물분할등 사건에 관하여 피고 차택▓
은 다음과 같이 답변합니다.

청구취지에 대한 답변

1.　피고 차택▓에 대한 원고의 청구를 기각한다.

2.　소송비용은 원고의 부담으로 한다.

　　라는 판결을 구합니다.

청구원인에 대한 답변

1. 원고의 청구 요지

　　원고는 이 사건 토지에 대한 지분권자로서 원고와 피고들 모두가 재산권행
사에 많은 제약을 받고 있어 각 공유지분에 따라 분할을 할 필요가 있으나 별

지목록기재 부동산 목록 2, 3번 지상에 피고 차택■ 소유의 미등기무허가 건물이 존재하여 현물로 분할하는 것은 거의 불가능하다 할 것이므로 경매에 붙여 그 대금에서 경매비용을 차감한 나머지 금원을 가지고 각 공유자 지분에 따라 현금으로 분할하는 것이 가장 적절한 방법이며, 피고 차택■은 위 2필지 지상위에 미등기 무허가 건물을 무단으로 소유하면서 원고의 이 사건 토지들의 소유권(공유지분)을 침해하고 있다 할 것이므로 이 사건 건물을 철거하고 토지를 인도할 의무가 있다라고 주장하고 있습니다.

2. 원고의 청구에 대한 피고 차택■의 답변

가. 이 사건 토지는 피고 차택■의 부친인 망 차두■의 단독소유였으며, 이 사건 건물 또한 망 차두■의 소유였습니다.

나. 그런데 위 망 차두■이 1994. 1. 5. 사망함에 따라 상속인들은 상속지분에 따라 2006. 11. 28.상속등기를 하여 상속인들이 공유지분을 가지게 되었던 것이고, 위 상속인들(공유자)중 소외 김영■ (75분의 6)의 지분이 대전지방법원 논산지원 2015 타경 2597 부동산강제경매에 의하여 원고와 피고 전재■이 최고가 매수인으로서 2016. 6. 28. 강제경매로 인한 매각을 원인으로 2016. 6. 30. 원고 75분의 3, 피고 전재■ 75분의 3으로 소유권이전등기를 경료하였던 것입니다.

다. 소유권이전등기를 경료한 원고는 피고에게 본인의 지분을 매입하던지 이 사건 미등기 무허가 건물을 철거하던지 하라는 요구를 받고 원고와의 매입을 협의하여 왔으나 매입 대금 문제가 협의가 되지 아니하자 이 사건을 제기한 것입니다.

　　라. 이 사건 무허가 미등기 건물 및 토지는 피고 망 차두■의 소유였다가 상속으로 인하며 토지는 공유자로서 건물은 피고 차태■의 소유인 바, 피고 차태■이 이 사건 무허가 미등기 건물을 철거하여야 할 아무런 사유가 없으며, 피고 차태■과 원고 사이에 이 사건 건물을 철거하기로 하는 합의가 있었다는 등 특별한 사정이 없는 한 건물 소유자인 피고 차태■은 이 사건 건물을 위한 관습법상 지상권을 취득한 것이므로 건물 철거 부분에 있어서 피고는 원고 청구를 받아 들일 수 없는 것입니다.

　　마. 따라서 피고 차태■은 원고의 이 사건 공유물분할 보다는 원고와 원고 지분에 대하여 매입의사가 있습니다만, 매입대금 부분에서 원만히 합의가 이루러 섰으면 좋겠습니다.

입 증 방 법

1. 기타 필요시 수시 제출하겠습니다.

2016.　　8.

피 고　　차　태　　■■

대전지방법원 논산지원 민사1단독 귀중

준 비 서 면

2016가단 ▨▨ 공유물분할등

원 고 김 종 ▨
피 고 김 세 ▨ 외 6

위 당사자간 귀원 2016 가단 ▨▨ 공유물분할등 사건에 관하여 피고 차
택▨은 다음과 같이 변론을 준비합니다.

아 래

1. 원고 주장에 대한 답변

가. 원고의 2017. 5. 22. 준비서면은 잘 받아 보았습니다.
원고는 준비서면에서 공유물의 관리와 부당이득 반환의무에 대해서는 인정합
니다. 그러나 관습상 법정지상권에 대해서는 인정할 수 없습니다.

나. 원고는 대법원 1996. 6. 14. 선고 94다53006판결과 대법원 2006. 10.
27. 선고 2006다 49000판결을 들며, 미등기 무허가 건물을 양수한 자가 등기
를 마치지 아니하면 관습상 법정지상권을 인정할 여지가 없다라고 하면서 소
외 망 차두▨이 이 사건 토지 및 건물을 소유하고 있다가 1994. 1. 5. 사망으
로 상속이 개시되었고, 토지는 상속인 전원이 지분에 따라 상속하고, 건물에
대해서는 피고 차택▨이 단독으로 상속하였으며 위 판례와 같이 건물을 단독
상속 한 이후 차택▨이 건물에 대하여 등기를 하지 아니하였으므로 관습상 법

정지상권은 성립되지 않는다고 주장합니다.

다. 이 사건 건물은 피고 차택██의 부친인 소외 망 차두██가 축조하여 원시취득한 후 사망으로 인하여 피고 차택██이 상속을 받은 것이므로 일반 매매 등으로 인하여 소유권을 취득한 것이 아니므로 위 판례를 적용하기에는 무리가 있다고 사료됩니다.

라. 그러므로 피고 차택██은 원고가 토지 지분에 따른 부분에 있어서 사용 수익을 전혀 하지 못하게 손해를 입히고 있다는 부분은 인정하므로 그 지분에 상응하는 임료 상당의 부당이득금에 대해서는 지급할 의무가 있으나 원고와 합의하여 원고의 지분에 대하여 매입의사가 있으므로 원만히 합의가 이루어, 졌으면 합니다.

입 증 방 법

1. 기타 필요시 수시 제출하겠습니다.

2017. 6.   .

위 피고   차   택   ██   .

대전지방법원 논산지원 민사1단독 귀중

소송 중 지분을 매각

소를 제기하자 박찬○의 지분을 차택○에게 매도하고 본인은 지분이 없으므로 원고의 청구를 기각해달라는 답변서를 법원에 제출했다. 토지에 대한 매매, 이전 금지 가처분을 신청하지 않았기에 소송 중 지분을 매각해 지분의 변화가 생겼다.

답 변 서

사건 2016가단■■■ 공유물분할 등

원고 김종■

피고 김세■ 외 6명

위 사건에 관하여 피고 박찬■는 다음과 같이 답변합니다.

다 음

청구취지에 대한 답변

1. 원고의 피고에 대한 청구는 기각한다.

2. 소송비용은 원고의 부담으로 한다.

청구원인에 대한 답변

1. 이 사건 부동산의 일부에 대한 공유자인 사실은 인정합니다.

2. 그러나 피고는 이 사건 부동산에 대한 피고의 지분 전부를 피고 차택■ 에게 매도하고 2016-09-01 대전지방법원 논산지원 등기계 접수 제24967호 로 논산시 연무읍 금곡리 ■■■ ■■■ ■■■ ■■■ 각 부동산에 대한 피고의 지분 전부에 대한 소유권이전 등기를 완료하였습니다.

3. 그러므로 피고는 공유자가 아니므로 공유물분할을 구하는 원고의 청구는 부당하여 기각됨이 상당합니다.

2016. 9. 3.

위 피고 박찬■

대전지방법원 논산지원 귀중

준 비 서 면

사건번호 2016 가단 ▓▓▓▓ [담당재판부 : 제 1 (단독)부]

원   고   김종▓

피   고   김세▓외5

피고 차태▓은 위 공유물 분할 목적물에 대하여 공유자 김종▓의 지분을 취득하였습니다. 원고가 취하서를 법원에 제출하지 않은 관계로 부동산등기사항전부증명서를 제출하오니, 이를 참작하시어 소장을 각하하여 주시기 바랍니다.

2018 . 3. 13 .

피고   차태▓

대전지방법원 논산지원 귀중

◇유의사항◇

연락처란에는 언제든지 연락 가능한 전화번호나 휴대전화번호를 기재하고, 그 밖에 팩스번호, 이메일 주소 등이 있으면 함께 기재하시고, 상대방 수만큼의 부본을 첨부하여야 합니다.

소 일부 취하서

〈보관용〉
9/8

사 건   2016 가단 ■■■ 공유물분할 등
원 고   김종■■
피 고   김세■■ 외6

위 당사자 간 귀원 2016 가단 ■■■ 공유물분할 등 청구 사건에 관하여
피고 박찬■는 그 소유지분을 2016. 9. 1. 피고 차택■에게 처분하였으므로
원고는 피고 박찬■에 대하여만 소를 일부 취하합니다.

일부취하 대상자
피고 박찬■

2016. 9.   .

위 원고 김종■   (인)

대전지방법원 논산지원 귀중

청구취지 변경 신청

사　건　　2016 가단 ■■■ 공유물분할 등
원　고　　김종■
피　고　　김세■ 외6

위 사건 관련, 피고 박찬■■에 대하여 일부취하 하였으므로 원고는 다음과 같이 청구취지를 변경 합니다.

변경후 청구취지

1. 별지 1 목록 1번 토지를 경매에 붙이고 그 대금에서 경매비용을 공제한 나머지 금액을 각 원고에게 75분의 3, 피고 김세■에게 75분의 4, 피고 전재■■에게 75분의 3, 피고 차만■에게 75분의 10, 피고 차성■에게 75분의 10, 피고 차승■에게 75분의 10, 피고 차태■에게 75분의 35 지분에 따라 각 분배하고, 별지 1 목록 2 내지 5번 토지를 경매에 붙이고 그 대금에서 경매비용을 공제한 나머지 금액을 각 원고에게 75분의 3, 피고 김세■에게 75분의 4, 피고 전재■에게 75분의 3, 피고 차만■에게 75분의 10, 피고 차성■에게 75분의 10, 피고 차태■에게 75분의 45 지분에 따라 각 분배하라.

2. 피고 차태■은 원고에게,

　가. 별지 2 도면 1, 2, 3, 4, 5, 11, 1의 각점을 순차로 연결한 선내 (ㄱ)부분 조적조 기와지붕 단층주택 및 창고 약 123.8㎡, 5, 6, 7, 10, 11, 5의 각점을 순차로 연결한 선내 (ㄴ)부분 철파이프조 기와지붕 단층 창고 약 19.2㎡, 7, 8, 9, 10, 7의 각점을 순차로 연결한 선내 (ㄷ)부분

조적조 기와지붕 단층 화장실 약 7.5㎡, 22, 23, 25, 26, 22의 각점을 순차로 연결한 선내 (ㄹ)부분 목조 기와지붕 단층 주택 약 55.8㎡, 12, 13, 22, 26, 20, 21, 12의 각점을 순차로 연결한 선내 (ㅁ)부분 경량철골조 스레트지붕 단층 창고 약 23㎡, 26, 25, 23, 24, 19, 20, 26의 각점을 순차로 연결한 선내 (ㅂ)부분 철파이프조 판넬지붕 단층 채양 약 26.6㎡, 13, 14, 24, 23, 22, 13의 각점을 순차로 연결한 선내 (ㅅ)부분 경량철골조 강판기와지붕 단층 창고 약 29.3㎡, 14, 15, 16, 17, 18, 19, 24, 14의 각점을 순차로 연결한 선내 (ㅇ)부분 목조 함석지붕 단층 창고 약 42.9㎡의 각 건물을 철거하고 별지 1 목록 2번, 3번 토지를 인도하고,

나. 2016. 6. 28.부터 위 토지인도 완료일까지 월 금50,000원을 지급하라.

3. 소송비용은 피고들이 부담한다.

4. 제2항은 가집행 할 수 있다.

라는 판결을 구합니다.

첨 부 서 류

1. 청구취지 변경신청서 부본   7통
1. 부동산등기사항증명서   5통

2016. 7.   .

위 원고 김종█

대전지방법원 논산지원   귀중

1/2 이상 지분권자로 지분권자들을 대표해
관리는 할 수 있으나

따라서 박찬○를 상대로 한 소송은 취하했으며, 여기에 따라 청구취지를 변경했다. 그러자 차택○은 1/2 이상 지분권자로 지분권자들을 대표해 관리는 할 수 있다는 답변서를 제출하며, 원고의 청구를 기각해 달라는 답변서를 제출해 원고가 다음과 같은 준비서면을 제출했다.

준 비 서 면

사　　건　2016 가단 ○○○○ 공유물분할 등
원　　고　김종○
피　　고　김세○외 5

위 당사자 간 귀원에 계류 중인 위 사건과 관련하여 원고는 다음과 같이 변론을 준비합니다.

– 다 음 –

1. 피고 전우○의 주장요지

민법 제265조는 "공유물의 관리에 관한 사항은 공유자의 지분의 과반수로서 결정한다"라고 규정하고 있습니다.

피고 차택○이 과반수 지분을 가지고 있으므로 차택○ 단독으로 공유물을 관리하는 것은 정당하다고 보입니다.

그러나 그 관리의 범위가 문제되는 바 판례에 따르면 과반수지분권자라도 건물을 신축하는 등 관리의 범위를 벗어나면 부당하다고 합니다.

과반수의 지분을 가진 공유자가 그 공유물의 특정 부분을 배타적으로 사용·수익하기로 정하는 것은 공유물의 관리방법으로서 적법하며, 다만 그 사용·수익의 내용이 공유물의 기존의 모습에 본질적 변화를 일으켜 '관리' 아닌 '처분'이나 '변경'의 정도에 이르는 것이어서는 안 될 것이고, 예컨대 다수지분권자라 하여 나대지에 새로이 건물을 건축한다든지 하는 것은 '관리'의 범위를 넘는 것이 될 것이다(대법원 2001. 11. 27. 선고 2000다33638 판결).

2. 부당이득 반환의무

위와 같이 과반수 지분의 공유자는 그 권리에 터 잡아 공유물을 배타적으로 사용, 수익할 수 있으나 부당이득 반환의무가 있음도 다음의 판례 요지와 같이 명백합니다.

과반수 지분의 공유자는 그 공유물의 관리방법으로서 그 공유 토지의 특정된 한 부분을 배타적으로 사용·수익할 수 있으나, 그로 말미암아 지분은 있으되 그 특정 부분의 사용·수익을 전혀 하지 못 하여 손해를 입고 있는 소수 지분권자에 대하여 그 지분에 상응하는 임료 상당의 부당이득을 하고 있다 할 것이므로 이를 반환할 의무가 있다 할 것이다(대법원 2002. 5. 14. 선고 2002다9738 판결).

3. 피고 차택○ 주장의 관습상 법정지상권에 관하여

가. 미등기 무허가 건물을 위한 관습상의 법정지상권 취득 가부

판례는 무허가 건물이더라도 관습상 법정지상권을 취득할 수 있다고 다음과 같이 판시하고 있습니다.

토지와 그 지상의 건물이 동일한 소유자에게 속했다가 토지 또는 건물이 매매나 기타 원인으로 인하여 양자의 소유자가 다르게 된 때에는 그 건물을 철거하기로 하는 합의가 있었다는 등의 특별한 사정이 없는 한 건물 소유자는 토지 소유자에 대하여 그 건물을 위한 관습상의 지상권을 취득하게 되고, 그 건물은 반드시 등기가 되어 있어야만 하는 것이 아니고 무허가건물이라고 하여도 상관이 없다(대법원1991. 8. 13. 선고 91다16631 판결).

따라서 피고 차택○ 소유의 이 사건 건물이 미등기 무허가 건물이더라

도 법정지상권이 성립할 수는 있습니다.

나. 미등기 무허가 건물 양수인의 관습상 법정지상권 인정 여부
그러나 다음의 판례에 따르면, 미등기 무허가 건물을 양수한 자가 등기를 마치지 아니하면 관습상 법정지상권을 인정할 여지가 없습니다.

미등기 무허가건물의 양수인이라 할지라도 그 소유권이전등기를 경료 받지 않는 한 건물에 대한 소유권을 취득할 수 없고, 그러한 건물의 취득자에게 소유권에 준하는 관습상의 물권이 있다고 볼 수 없다(대법원 1996. 6. 14. 선고 94다53006 판결).

미등기 무허가건물의 양수인이라도 그 소유권이전등기를 경료하지 않는 한 그 건물의 소유권을 취득할 수 없고, 소유권에 준하는 관습상의 물권이 있다고도 할 수 없으며, 현행법상 사실상의 소유권이라고 하는 포괄적인 권리 또는 법률상의 지위를 인정하기도 어렵다(대법원 2006. 10. 27. 선고 2006다49000 판결).

다. 소결
피고 차택○의 주장에 의하면 소외 망 차두○이 이 사건 토지 및 건물을 소유하고 있다가 1994. 1. 5. 사망으로 상속이 개시됐고, 토지는 상속인 전원이 지분에 따라 상속하고, 건물에 대하여는 피고 차택○이 단독으로 상속했다는 것입니다.
그렇다면, 위 판례와 같이 이 사건 건물을 단독상속한 이후 차택○이 이 사건 건물에 대하여 등기를 하지 않았으므로 관습상 법정지상권은 성립되지 않는다고 보아야 합니다.

4. 결어

위와 같이 피고 차택○의 관습상 법정지상권 성립 주장은 이유 없다 할 것이고, 과반수의 지분을 가지고 있다 하더라도 권원 없는 건물 소유는 부당하여 이를 철거하고 지료 상당의 부당이득도 반환할 의무가 있으므로 원고의 청구취지대로 판결하여 주시기 바랍니다.

첨 부 서 류

1. 준비서면 부본   6통

2017. 5.   .

위 원고 김종○

대전지방법원 논산지원 귀중

준 비 서 면

2016 가단 ○○○○ 공유물분할 등

원 고 김종○
피 고 김세○ 외 6

위 당사자 간 귀원 2016 가단 ○○○○ 공유물분할 등 사건에 관하여 피고 차택○은 다음과 같이 변론을 준비합니다.

– 다 음 –

1. 원고 주장에 대한 답변

가. 피고 차택○은 원고의 주장에 관하여 2016년 8월 18일 답변서를 제출하면서 이 사건 부동산이 공유지분으로 나누어진 경위와 미등기 무허가 건물에 대하여 취득경위에 대하여 소상히 답변한 바 있습니다.

나. 또한 원고는 이 사건 부동산을 2016년 6월 7일 부동산 강제 경매로 금 8,010,000원(원고와 전재○ 각 75분의 3을 취득)에 낙찰 받아 소유권이전등기를 경료한 후 피고에게 낙찰 받은 지분을 금12,000,000원에 매입하라고 하여 위 금원을 조정하다가 금 11,500,000원으로 매입의사가 있음을 원고에게 전했으나 원고는 바로 이 사건을 제기하였고 지금 와서는 소송비용 등이 들어갔으므로 위 금원으로 합의할 수는 없다면서 터무니없는 금원을 제시하고

있습니다.

다. 따라서 위 사건 변론기일에 피고들과 원고 간의 다툼보다는 피고 차택○과 원고가 서로 합의가 될 수 있도록 하여 주시기 바랍니다.

입 증 방 법

기타 필요시 수시 제출하겠습니다.

2016. 12.   .

위 피고 차택○

경매 시작할 때보다도 적은 지료감정평가

이러는 동안 지료감정평가가 나왔으나 작은 지료감정평가에 실망할 수밖에 없었다. 더 이상 버텨도 수익이 없으리라는 생각을 하고 있던 중 차태환의 3차 답변은 원고의 준비서면에 대한 답변은 인정하나 법정 지상권은 있다는 주장이다. 그러나 지료는 인정하기에 원만한 협의를 원한다는 내용이다. 따라서 전격적으로 1,400만 원에 합의하게 됐다.

결국 지료감정 신청비용, 그동안의 경비와 노력비용 등 원가만 간신히 건지고 마무리됐다. 소송하기 전 1,150만 원 합의가 소송 후 1,400

만 원으로 합의됐으나 시간과 지료감정 소송비용을 생각하면 노력에 비해 수익이 적은 편이다. 후일담이지만 논산훈련소의 훈련병 면회 일수가 예전보다 줄어드는 바람에 부동산의 가격이 하락했다는 주변 공인중개사들의 얘기지만, 정확한 정보인지는 알 수 없다.

실수의 핵심

❶ 협상할 수 있다는 자신감으로 너무 쉽게 생각했다.

❷ 연무읍의 토지가 하락세였다.

❸ 전체적인 금전 규모가 작아 지료감정평가와 소송비용의 비중이 컸다.

❹ 액수가 작아 변호사 고용을 못 하리라 생각해 쉽게 생각했으나 의외로 논리적인 답변으로 소송시간이 길어지며 잡다한 경비로 지출이 많이 됐다.

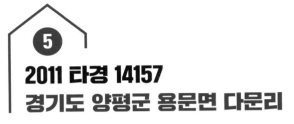

2011 타경 14157 (임의)		매각기일 : 2012-09-24 10:00~ (월)		경매5계 031-880-■■■	
소재지	(■■■) 경기도 양평군 용문면 다문리 ■■■■ [도로명] 경기도 양평군 용문로 ■■■(용문면)				
용도	대지	채권자	양OOOOOOOO	감정가	496,500,000원
토지면적	331㎡ (100.13평)	채무자	이OO	최저가	(41%) 203,366,000원
건물면적		소유자	이OO	보증금	(10%)20,336,600원
제시외	제외 : 70㎡ (21.17평)	매각대상	토지만매각	청구금액	260,040,825원
입찰방법	기일입찰	배당종기일	2012-01-12	개시결정	2011-10-07

기일현황 ▽간략보기

회차	매각기일	최저매각금액	결과
신건	2012-03-26	496,500,000원	유찰
2차	2012-04-23	397,200,000원	유찰
3차	2012-05-21	317,760,000원	유찰
4차	2012-06-25	254,208,000원	유찰
	2012-07-30	203,366,000원	변경
4차	2012-09-24	203,366,000원	매각

■■■■■개발/입찰2명/낙찰235,891,000원
(48%)

	2012-09-28	매각결정기일	허가
	2012-11-08	대금지급기한 납부 (2012.11.01)	납부

배당종결된 사건입니다.

사건 개요

큰돈을 들여서 낙찰 받은 대지가 알고 보니 건축허가를 받을 수 없는 땅이라면 어떤 심정일까? 도시지역 2종일반주거지역에다 버젓이 왕복

2차선 도로에 접한 땅이 허가 관청으로부터 건축불가라는 얘기를 들으면, 여간 낭패가 아니다. 이러한 문제는 어떻게 풀어야 하나? 이렇게 난감한 사례를 소개하는 이유는 우리가 토지 경매를 하다 보면 자주 부딪히게 되는 여러 난제들이 함께 얽혀 있기 때문이다. 낙찰 받은 토지의 입구가 도로로 사용 중이지만, 타인의 토지로 등기되어 사용승낙을 받아와야 건축허가가 가능하다는 양평군청 건축과의 답변이다.

왕복 2차선 도로에 접한 땅인데,
건축허가가 안 납니다

이 사건의 토지는 경기도 양평군 용문면 대지 331㎡(100평)이 건물은 매각에서 제외된 상태에서 4억 9,600만 원에 경매로 나왔다. 절반

가격인 2억 300만 원까지 떨어졌을 때 2억 3,500만 원에 낙찰 받았다. 이 물건은 사실 필자가 사전에 조사해서 추천했던 물건이 아니다. 2012년 가을, 부산에 경매 특강을 하러 갔을 때였다. 강의가 끝나고 나서 강의를 듣고 난 P씨가 물어볼 게 있다면서 질문을 해왔다.

"교수님, 사실은 제가 고향이 양평인데, 거기에 땅이 경매로 나온 것이 있어서 낙찰을 받았습니다."
"네, 그런데요?"
"왕복 2차선 도로에 접한 땅인데, 건축허가가 안 납니다."
"네?"
"교수님, 혹시 이거 좀 해결해주실 수 있겠습니까?"

그렇게 해서 수사 의뢰를 받은 형사 콜롬보마냥 사건이 터진 뒤에 맡게 된 물건이다. 사건번호를 알려주면 검토해보고 연락하겠다고 하고서는 서울로 올라왔다. 서울에서 경매 사건을 검색해보니 입찰 전에 이미 두 가지 문제점이 눈에 띄었다.

먼저 105페이지에 있는 다음지도 항공사진을 보면 위쪽의 건물과 옆쪽의 건물이 해당 토지를 침범해 있었는데, 실제로는 최대 1~2미터까지도 오차가 난다. 실제 측량 결과, 뒷집은 토지 경계를 침범하지 않은 것으로 나타났다. 어쨌든 한쪽 건물은 해당 토지를 침범하고 있었다.

용문면 다문리 78○-26의 토지 입구에 있는 78○-16

두 번째는 지적도를 살펴보니 왕복 2차선 도로에서 해당 토지로 진입하는데, 쪼가리 땅 78○-16번지 한 필지가 가로막고 있었다. 그 필지는 현재 도보로 쓰고 있는 땅으로 등기부등본을 떼어 보면 엄연히 다른 개인의 소유로 되어 있다. 행정 관청에서 건축 허가를 내주지 않는다면 이 이유밖에 없을 것이라고 짐작했다.

마침 그때 필자의 강의를 듣는 수강생 중에 양평에서 공인중개사를 하는 분이 있었다. 그분한테 부탁을 했다. 양평에 있는 땅인데 건축 허가를 안 내준다고 하니 군청에 들러 한번 확인 좀 해달라고 요청했다. 일주일 뒤 그가 강의 전에 필자의 사무실에 먼저 들렀다.

누가 알박기 해놓은 땅이에요

"교수님, 군청에 가서 확인해봤는데, 어떤 분인지 몰라도 낙찰 잘못 받은 것 같습니다."

그러면서 해당 지번의 토지 등기부등본을 보여주며 설명했다. 등본을 보면 이 땅은 2008년에 K씨가 900만 원에 매매로 취득했다가 2012년 L씨가 다시 7,000만 원에 매입해 소유권등기이전을 한 것으로 나타나 있다. 등본 속의 7,000만 원을 가리키며 그가 말했다.

"누가 알박기 해놓은 땅이에요."

"그래서 건축허가를 안 내준다는 겁니까?"

"군청에 갔더니 남의 땅이기 때문에 이 땅 주인의 사용 승낙을 받아와야 한답니다."

[토지] 경기도 양평군 용문면 다문리				고유번호. 1343-1996-
순위번호.	등 기 목 적	접 수	등 기 원 인	권 리 자 및 기 타 사 항
			평군법원의 가압류 결정(2002카나1649)	양평군 용문면 다문리
4	강제경매개시결정	2003년7월10일 제19915호	2003년7월9일 수원지방법원 여주지원의 강제경매개시결정(2003 타경8768)	채권자 용문농업협동조합 134436-0000018 양평군 용문면 다문리
5	소유권이전	2004년5월24일 제21225호	2004년5월13일 수원지방법원 여주지원	소유자 나ㅇ 700320-******* 양평군 양평읍 공흥리
6	2번가압류, 3번가압류, 4번강제경매개시결정 등기말소	2004년5월24일 제21225호	2004년5월13일 강제경매로 인한 매각	
7	소유권이전	2008년10월27일 제45358호	2008년9월12일 매매	소유자 김남ㅇ 470303-******* 경기도 양평군 양동면 금왕리 거래가액 금9,000,000원
8	소유권이전	2012년9월7일 제39617호	2012년8월20일 매매	소유자 이은ㅇ 621017-******* 경기도 성남시 분당구 날바로 908, 거래가액 금70,000,000원

미불용지네요

그러면서 "미불용지네요"라고 말한다. 나는 '미불용지'라는 말을 듣는 순간, 속으로 미소를 지었다.

'이거, 잘 하면 건축허가를 받을 수도 있겠는데?'

여기서 미불용지(未拂用地)에 대해 잠깐 살펴보고 넘어가자. 미불용지는 일상생활에서 우리가 자주 접할 수 있는 용어는 아니지만, 그 개념은 비교적 간단하다. 이미 시행된 공공사업에 편입된 부지로, 보상금이 지급되지 않은 토지를 말한다. 해석상의 어려움 때문에 요즘에는 '미지급용지'라는 말을 쓰기도 한다. 공공사업에 편입된 토지는 사업 시행 이전에 보상금을 지급하는 것이 원칙이지만, 대개 두 가지 이유에 의해 지급이 늦어질 수 있다. 사업 주체의 예산 부족에 의해 보상이 지연될 수도 있고, 감정평가액이 적다는 이유로 토지주가 수령을 거부해 늦어질 수도 있다. 후자의 경우, 국가 또는 지방자치단체인 사업 주체는 토지주가 요청하는 감정기관에 재감정을 의뢰해 종전 가격과 평균을 내어 보상금으로 제시한다. 토지주가 이 금액도 거부할 경우, 사업 주체는 은행에 보상금을 위탁해놓고 토지를 수용한다. 그래서 미불용지는 개인 명의로 등기가 되어 있다 하더라도 국가가 소유하고 있는 공공용지인 셈이다. P씨가 낙찰 받은 해당 토지를 가로막고 있는 문제의 이 미불용지도 이미 왕복 2차선 도로의 도보로 사용되고 있는 공공용지다.

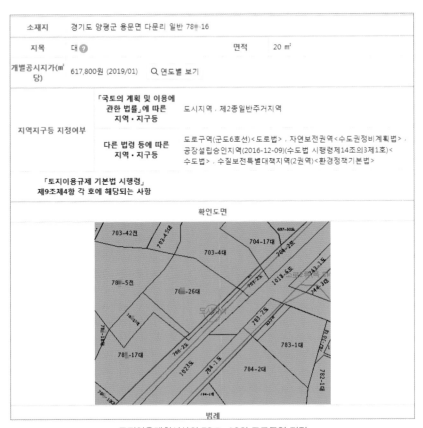

소재지	경기도 양평군 용문면 다문리 일반 78●-16		
지목	대 ❓	면적	20 ㎡
개별공시지가(㎡당)	617,800원 (2019/01) Q 연도별 보기		
지역지구등 지정여부	「국토의 계획 및 이용에 관한 법률」에 따른 지역·지구등	도시지역 , 제2종일반주거지역	
	다른 법령 등에 따른 지역·지구등	도로구역(군도6호선)<도로법> , 자연보전권역<수도권정비계획법> , 공장설립승인지역(2016-12-09)(수도법 시행령제14조의3제1호)<수도법> , 수질보전특별대책지역(2권역)<환경정책기본법>	
「토지이용규제 기본법 시행령」제9조제4항 각 호에 해당되는 사항			

확인도면

범례

토지이용계획서상의 78○-16의 도로구역 지정

입구 땅 주인의 사용 승낙을 받아오라고
몇 차례 말씀드렸습니다

그래서 필자가 양평군청 건축과로 직접 찾아갔다. 이 토지에 건축 허가를 내주어야 할 서너 가지 이유를 미리 준비했다. 먼저 담당자에게 왜 건축허가가 안 나는지 물어보았다.

"입구 땅 주인의 사용 승낙을 받아오라고 몇 차례 말씀드렸습니다."

담당자의 답변은 P씨와 공인중개사로부터 들은 그대로였다. 나는 먼저 이 땅이 이미 도로로 수용되어 국가 소유이기 때문에 토지주의 사용 승낙이 필요 없다고 대꾸했다. 그랬더니 담당자는 등기부등본을 보면 여전히 지목이 도로가 아닌 대지로 나와 있고, 또한 개인 명의로 되어 있기 때문에 토지주의 사용 승낙이 필요하다고 우겼다. 이번에는 토지이용계획확인서를 보여주면서 해당 지번이 이미 '도로구역'으로 지정되어 있다는 것을 확인시켜 주었다. 이것은 이 토지가 이미 공공용지로 수용됐다는 것을 뜻하므로 사용 승낙이 필요 없는 것이라고 주장했다.

담당자는 똑같은 말만 되풀이했다

"그래도 개인 땅이니까 사용 승낙을 받아오셔야 합니다."

담당자는 똑같은 말만 되풀이했다. 그래서 이번에는 양평군 건축 조례를 들어 불허가는 행정 편의라고 주장했다. 양평군 건축 조례를 보면, 어떤 토지가 이미 도로로 사용되고 있을 때에는 토지 소유주의 사용 승낙 없이 건축 허가를 내어 주는 것으로 되어 있다. 조례에도 그렇게 명시하고 있는데, 왜 토지주의 사용 승낙을 받아오라고 계속 우기는지 모르겠다며 이번에는 꽤 큰소리로 따져 물었다. 옆 사람도 들으라고 일부러 큰소리를 친 것이다. 이미 주변의 공무원들이 우리 두 사람의 승강이에 주목하고 있었고, 큰소리가 나자 더 집중하는 분위기였다. 나의 대응에 담당자가 흥분한 목소리로 대꾸했다.

저는 조례는 안 봅니다
법을 봅니다

"조례는 안 보고, 법을 본다"는 담당자의 말에 잘됐다 싶어 더 크게 말했다.

"법을 보신다면 잘됐네요. 그 법을 보면 조례에 위임한다고 되어 있잖아요. 그럼 조례를 따라야지요."

그러자 옆에서 상황을 지켜보던 다른 공무원이 얼른 일어나 나를 끌고 밖으로 나왔다. 그러고서는 현재 미불용지의 당사자인 건설과로 데려가서는 그쪽 직원에게 뭐라고 하더니 곧 나를 소개하며 말했다.

"여기 민원인 오셨으니까 말씀 듣고 잘 좀 도와드려."

건축과에서 있었던 일을 거기서 그대로 설명했다. 그러자 그 직원이 건축과에서 협조공문만 올려주면 입구 토지의 사용승낙을 해줄 테니 염려 말고 돌아가라는 것이다. 즉 입구의 토지는 등기부상 주인이며,

실제 주인은 국가 토지이고, 양평군청 건설과 관리대상인 토지다.

이런 풍경은 요즘에도 행정관청에서 심심찮게 일어나는 일이다. 이런 내용을 여기에 자세히 소개하는 것은 허가 관청의 이런 행태를 고발하자는 게 아니다. 경매를 통해 수익을 내보겠다고 뛰어들었으면, 해당 물건을 둘러싸고 일어날 수 있는 이러한 인허가 요건을 누구보다 자세히 알고 있어야 한다. 그래야 공무원들의 주관적이거나 올바르지 않은 판단과 결정에 대처할 수 있기 때문이다.

오늘 아예 허가를 신청해둡시다

그 약속을 받아내고서는 군청을 나와 부산의 P씨에게 전화를 걸었다.

"건축 허가를 내준답니다."

"어이구, 교수님. 그렇게 어려운 일을 해내시다니 정말 대단하십니다. 감사합니다."

"군청의 담당자가 바뀌기라도 하면 태도가 또 달라질 수도 있으니까 오늘 아예 허가를 신청해둡시다."

그렇게 해서 군청 부근에 있는 건축설계 사무소로 갔다. 해당 지번을 알려주면서 근린생활시설로 건축 허가를 내달라고 요청했다. 그랬더니 사무소 측에서 설계상담 일지(사진)에 문제의 자투리 필지는 이미 도로로 사용 중이라는 점, 군청과 허가 협의가 이미 끝났다는 사실을 기재하고서는 허가 절차에 들어갔다. 군청에 들어가 허가 신청과정에서 문제가 생기면 나한테 연락하라고 당부해놓고 서울로 돌아왔다. 그러고 나서 며칠 후 양평에서 전화가 걸려왔다.

설계 상담 일지 및 회의록

2013 년 9 월 11 일

결재	담당	과장	실장	소장

신 청 인	박 대◯	전화 번호	010-6230-■■
대 리 인	이 종실	전화 번호	010-3727-■■
신청인 주소		연 면 적	20평
토지 소재지	다문리 78-26	층 수	1층
국토이용확인	2종 일반주거	용 도	사무실(근생)
용역 금액	공급가액: 150만원 부가가치세:	합 계:
계 약 금	50만원	잔금:건축허가및신고득할시	100만원

● 상담 내용

1) 현황측량도 필요시 요명비 별도 추가

2) 78■-16 대지 → 청내 도로 4승승

3) 군청 협의하였음 (이종실님)

예전 건축물의 건축물관리대장이
살아 있습니다

"교수님, 건축허가를 집어넣었는데, 해당 부지에 건물은 없지만 멸실 신고를 하지 않아 아직 예전 건축물의 건축물관리대장이 살아 있습니다. 따라서 건축물을 멸실 신고해야 건축허가가 가능합니다."

여기서 잠깐 경매의 본질에 대해 함께 짚어보자. 경매란 현금을 부동산화하고, 다시 부동산을 현금화하는 끊임없는 순환 과정이라고 생각한다. 여기서 문제가 되는 것은 부동산이다. 아파트나 다세대주택은 모든 복잡한 절차와 과정들이 하나의 공산품처럼 토목과 건축이라는 공정을 거쳐 완성된 완제품이다. 게다가 우리나라 아파트는 규격까지 잘 갖춰져 있어 관련 법률을 몰라도 누구나 쉽게 이해하고 거래할 수 있다.

하지만 토지는 건축에 이르기까지 수많은 공정을 앞두고 있는 원재료다. 하나의 토지가 건축을 만나 제 교환가치를 최대화하려면 앞으로 수많은 공정을 더 거쳐야 한다는 얘기다. 그래서 토지 경매는 갓 경매에 입문한 사람들에게 결코 쉬운 분야가 아니다.

어렵게 허가를 받아내 이제는 쉽게 가는가 싶었던 이 토지도 또 다른 허가 장애를 만난 것이다. 이전 건물을 허물었다고 해도 건축물관리대장이 살아 있으면, 신규 건축허가를 받을 수 없다. 그런데 문제는 이전 건축물관리대장에 나와 있는 명의자를 우리가 모른다는 점이다.

건물 멸실 신고를 하러 이번에는 면사무소를 찾아 갔다(건물 멸실 신고는 면사무소에서 담당한다). 담당부서에 찾아가 멸실 신고서를 작성해 제출하니까 담당자가 나의 주민등록증을 보더니 말했다.

제3자의 멸실 신고는 못 받아줍니다

"선생님은 땅주인도 아니고, 건물주인도 아니네요."

"네, 그렇습니다."

"제3자의 멸실 신고는 못 받아줍니다."

말하자면 토지주나 건축주만 멸실 신고를 할 수 있다는 얘기다. 할 수 없이 부산의 P씨로부터 위임장을 받아 멸실 신고서를 다시 제출했다. 여기서 혹자는 멸실 건물에 대한 법정지상권 여부를 염려할지도 모르겠다. 법정지상권은 현존하는 건물에 대해 성립하는 권리다. P씨가 땅을 낙찰 받았을 때 이미 건물은 허물어진 상태이기 때문에 해당 토지는 법정지상권과는 아무런 관련이 없다.

이제는 다 끝났나 싶었더니 면사무소에서 다시 전화가 왔다. 이번에는 현장의 컨테이너가 문제였다. 사진 첨부를 위해 현장조사를 나갔더니 불법 컨테이너가 놓여 있어 결재를 올릴 수 없다는 게 담당자의 설명이었다.

이런 점들이 건축허가 과정에서 흔히 일어날 수 있는 자잘한 문제들이다. 자기 땅에 이런 구조물이 놓여 있다고 해서 함부로 치우면 안 된다. 누가 주인인지 알면 찾아가 치워 달라고 요청해야 하고, 주인을 모르면 컨테이너에 철거를 요청하는 공고문을 붙여 놓았다가 일정 시간이 지난 후에 철거해야 한다. 그런데 P씨가 마침 컨테이너 주인의 연락처를 알아내어 컨테이너를 철거를 요청했다. 그 과정에서 이래저래 한 달가량 시일이 지나갔다. 컨테이너를 치우고 났더니 이번에는 면사무소 담당자가 바뀌는 바람에 또 한 달가량이 훌쩍 흘러가버렸다. 한 달쯤 후 바뀐 담당자가 그제야 업무를 인계받았다면서 연락이 왔다.

토지 주인이 할 때는 멸실 요청서거든요

"제가 멸실 신청서를 살펴보니 문제가 있네요. 건축주가 할 때에는 멸실 신고서가 맞는데, 토지 주인이 할 때는 멸실 요청서거든요. 그래서 신청을 다시 해주셔야겠습니다."

우리나라의 건축 절차가 얼마나 까다로운지 이번 사례가 잘 보여주고 있다. 건축설계사무소에 연락해서 신청서를 다시 제출했다. 일주일 뒤 드디어 허가증이 나왔다는 연락이 왔다. 여기서 한 가지 알아야 할 점은 허가를 신청해놓고 1년 안에 착공을 하지 않으면 허가가 취소된다는 사실이다. 자금 사정 등으로 인해 건축까지 어느 정도 시간이 필요할 경우에는 착공계를 내두는 게 좋다. 그러나 이 토지의 경우 진출입을 위서해는 보도를 가로질러야 된다. 따라서 진출입을 하기 위한 보

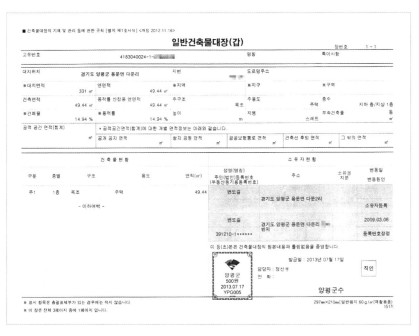

건축·대수선·용도변경 신고필증

•건축물의 용도/규모는 전체 건축물의 개요입니다.

건축구분	신축		신고번호	2014-생태개발과-신축신고- ■■ (2014-4170087-1201- ■)
건축주	박대■			
대지위치	경기도 양평군 용문면 다문리 ■■			
대지면적				197 ㎡
건축물명	용문면 다문리 ■■ ■ ■ ■■ ■(박대■)		주용도	제2종근린생활시설(사무소)
건축면적		56 ㎡	건폐율	28.4264 %
연면적 합계		56 ㎡	용적률	28.4264 %

동고유번호	동명칭 및 번호	연면적(㎡)	동고유번호	동명칭 및 번호	연면적(㎡)
1	주건축물제1동	56			

귀하께서 제출하신 건축물의 건축·대수선·용도변경신고서에 대하여 건축·대수선·용도변경신고
필증을 「건축법시행규칙」 제12조 및 제12조의2에 따라 교부합니다.

2014년 01월 27일

양평군수

도의 점용허가를 받아야 착공신고를 할 수 있다. 위치와 면적이 도서 서류는 토목설계사무실에 의뢰해야 한다. 우여곡절 끝에 현재 이 물건은 이러한 과정을 거쳐 건축허가를 받은 뒤 착공계를 내놓은 상태다. 허가도면을 첨부한 것은 허가 시 다른 건물이 침범한 면적은 건폐율과 용적율에서 제외된다. 처음부터 권리분석에서 여러 가지로 실수한 대표적인 사례다.

다음의 도면을 보면, 낙찰 받은 토지에 침범한 건축물이 있는 경우, 건폐율과 용적율에서도 제외되며 건축허가가 난다. 또한 보도를 횡단해 대지에 진입하므로 보도에 대한 진입도로 사용승낙을 받아야 한다.

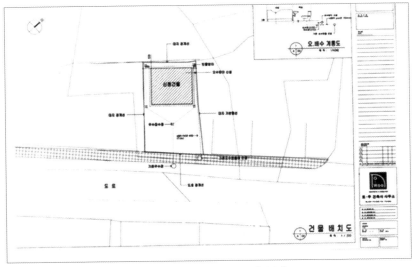

옆집에서 침범한 토지는 사용 불가

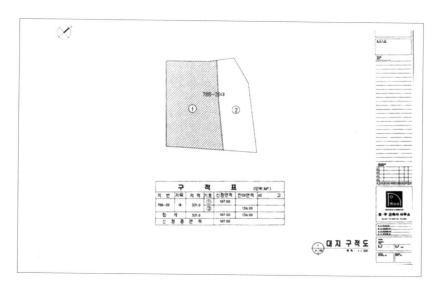

구 적 표				(단위:㎡)
지 번	지 목	지적 기호	신청면적	잔여면적 ㎡	②
786-26	대	331.0	① 197.00		
			②	134.00	
합 계		331.0	197.00	134.00	
신 청 총 면 적			197.00		

대지 구적도

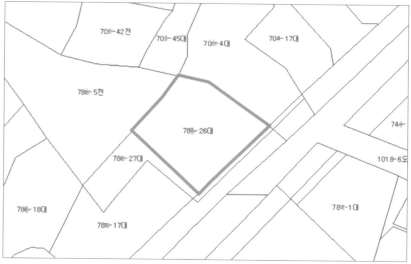

출처 : 스마트국토정보 지적항공지도

측량 상담 일지 및 신청서

2014년 2월 18일   접수번호 :

신 청 인	이 종 실 (인)	전화번호	010 - 3732 - ▨
대 리 인	(인)	전화번호	
신청인 주소			
토지 소재지	용천면 다모리 ▨ ▨		
국토이용확인			

상 담 내 용
2 생 진초입로 도로점용

측량집행일		완료예정일	
용역 금액	일금 1,000,000 원정	착 수 금	500,000
중 도 금		잔 금	
면 담 당 자		협 력 업 체	
특 기 사 항	1. 착수금 : 업무진행시 소모되는 금액으로 반환되지 않으며 착수금 입금시 측량 일정을 확정합니다. 2. 중고금 : 중도금을 입금하셔야 면 및 군청에 서류가 접수됩니다. 3. 잔 금 : 허가 완료 후		

70○-4의 토지에서 침범한 항공사진

출처 : 다음지도 항공사진

이제는 옆집에서 침범한 건축물의 철거소송을 시작해야 한다. 항공
사진에서 보면 70○-4(빨간색 동그라미)에 위치한 건물 2동이 침범했다. 그
러나 북쪽에 위치한 집은 거주자가 없으며 바로 철거하겠다는 답변에
문제가 없으나, 도로변에 위치한 쌍둥이네 수산 건물은 거주자가 있으
며, 철거를 못 하겠다고 강력하게 얘기해 철거소송을 하게 됐다. 철거
소송을 해 판결문을 받았으나 철거를 거부해 결국 대체 집행까지 판결
문을 받았다.

수원지방법원 여주지원

결   정

사   건   2016타기 ██ 대체집행

채 권 자   박대██ (630428-████████)
부산 기장군 정관읍 정관4로 ██ ████ ███ ███████
송달장소 평택시 평남로 ███ ███ (송달영수인 법무사 유종██)

채 무 자   1. 엄정█ (450402-███████
경기 양평군 용문면 용문로 ██ (다문리)

2. 권주██ (720430-███ ██)
경기 양평군 용문면 용문로 ██ (다문리)
송달장소 순천시 서면 백강로 ███ ██ █ ███ █ ███

주   문

채권자는 그가 위임하는 수원지방법원 여주지원 소속 집행관으로 하여금 채무자들의
비용으로 경기도 양평군 용문면 다문리 ██ █ 대 331㎡ 중 별지 도면 표시 1, 2, 3,
4, 1의 각 점을 순차로 연결한 선내 (가) 부분 단층 근린생활시설 29㎡를 철거하게 할
수 있다.

이   유

채권자와 채무자들 사이의 수원지방법원 여주지원 2016가단██ 토지인도등 청구사건
의 집행력 있는 판결정본에 기한 이 사건 신청은 이유 있으므로 주문과 같이 결정한
다.

도 면

토지 : 양평군 용문면 다문리 ■■■■ 대 ㄱㄱㄱ ㎡

인도목적 (가)부분의 면적 : 29 ㎡

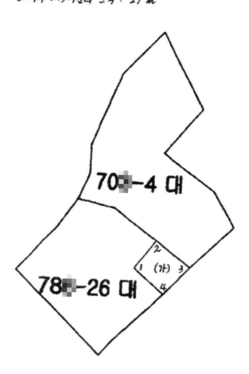

실수의 핵심

❶ 뒷집에서 낙찰 토지를 이용해 진출입하고 있다(막을 수 없다).

❷ 낙찰 후 측량 결과 옆 건물이 너무 많이 침범해 있으며, 거주자가 있어 철거하기까지 소송과 대체 집행까지 하게 됐다.

❸ 건축물은 없었으나 서류는 멸시가 안 됐다.

❹ 허가부터 옆 건물철거까지의 기한이 3년이나 소요됐다(경제력이 부족한 분들은 이런 경우 고통이 심하다).

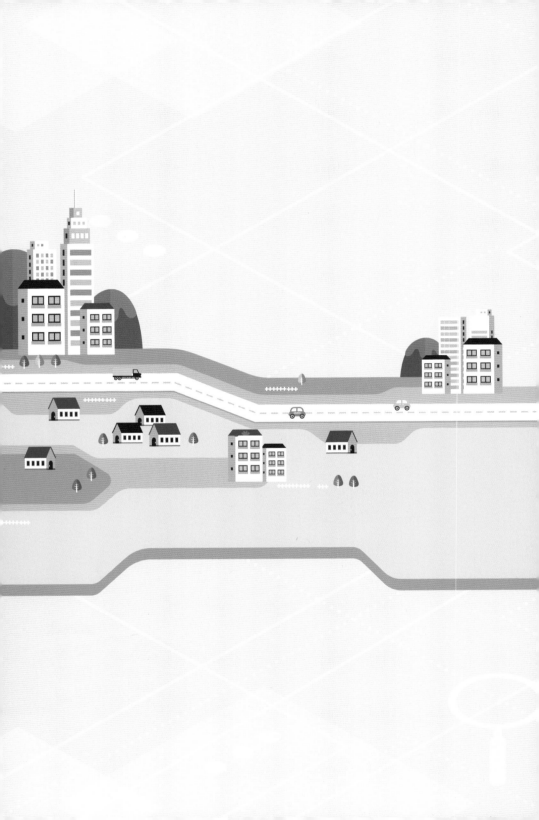

현장답사의 실수

1

2015 타경 20300
경상남도 거제시 연초면 죽토리

2015 타경 20300 (강제)		매각기일 : 2016-04-14 10:00~ (목)			경매4계 055-640-■■■	
소재지	(■■■) 경상남도 거제시 연초면 죽토리 ■■■					
용도	대지	채권자	■■행복기금	감정가		24,740,100원
지분토지	53.9㎡ (16.3평)	채무자	옥두■의파산관재인김태■	최저가		(36%) 8,866,000원
건물면적		소유자	옥두■의파산관재인김태■ 外	보증금		(10%) 887,000원
제시외		매각대상	토지지분매각		청구금액	116,598,266원
입찰방법	기일입찰	배당종기일	2015-09-30	개시결정		2015-06-29

기일현황 ▼간략보기

회차	매각기일	최저매각금액	결과
신건	2015-11-12	17,318,000원	유찰
2차	2015-12-10	13,854,000원	유찰
3차	2016-01-14	11,083,000원	유찰
4차	2016-02-11	8,866,000원	매각
김영■/입찰1명/낙찰13,899,000원(56%)			
	2016-02-18	매각결정기일	허가
	2016-03-22	대금지급기한	미납
4차	2016-04-14	8,866,000원	매각
김양■/입찰2명/낙찰8,866,000원(36%)			
	2016-04-21	매각결정기일	허가
	2016-05-23	대금지급기한 납부 (2016.05.17)	납부
	2016-06-08	배당기일	완료
배당종결된 사건입니다.			

사건 개요

43○-3의 토지와 43○-4의 토지 위에 무허가 건축물인 정미소가 건축되어 있으며, 현재는 창고로 사용 중이다. 43○-4의 옥두○의 토지 지분경매다. 정미소가 건설된 48○-3의 면적은 202㎡, 48○-4의 면적은 75㎡다. 따라서 두 필지의 합은 277㎡이다. 즉 지분으로 소유했으나 두 필지를 합해 지분으로 각각 소유하고 있었다. 경매로 진행되는 연초면 죽토리 43○-4의 토지는 옥두○가 199/277, 옥치○이 78/277이 지분으로 소유했다. 그 후 옥치○의 지분만 고운○이 매입했다.

43○-3 의 토지도 옥두○가 199/277, 옥치○이 78/277 공유지분으로 소유했다. 그 후 옥치○ 지분을 고은○이 매입했다가 다시 옥치○에게 매매됐으며, 그 후 이순○에게 상속됐다. 그 후 옥치○이 43○-3의 옥두○ 토지 지분 전체를 인수해 소유하게 됐다.

43○-4	75㎡	옥두○ 199/277	옥치○ ⇨ 고은○ 78/277		옥두○ 199/277 고은○ 78/277
43○-3	202㎡	옥두○와 고은○ 199/277, 78/277	옥주○ 지분 ⇨ 옥치○ 고은○ 지분 ⇨ 옥치○		옥치○ 277/277

경매 시점에 48○-4는 옥두○와 고은○이 공유로 소지했으며, 48○-3의 토지는 옥치○이 혼자 가지고 있는 상태였다. 43○-4와 43○-3, 두 필지의 대지 위에 창고가 건축되어 있으며, 건축물관리대장은 없었다.

그 후 43○-4의 옥두○ 지분만 경매로 진행됐다. 필자는 창고가 당연히 옥치○이 건축주라고 생각하고, 43○-4의 옥두○ 지분을 낙찰

받은 후 옥치○을 상대로 건물철거 및 지료청구를 하면, 당연히 옥치○
이 합의를 제의해 올 것이라 생각하고 낙찰 받았다. 필자는 옥두○, 옥
치○, 고은○ 등이 다 가족 관계라고 판단했다.

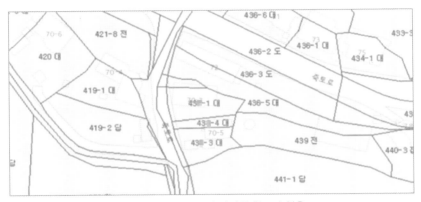

43○-3과 43○-4의 지상에 창고가 있음

출처 : 스마트국토정보 지적항공지도

43○-4의 지분 매각(건축물대장)이 없으며, 예전 정미소로 사용(199/277 옥두○ 지분)

출처 : 다음지도 항공사진

43○-4 의 옥두○ 지분경매

주요 등기사항 요약 (참고용)

[주 의 사 항]

본 주요 등기사항 요약은 증명서상에 말소되지 않은 사항을 간략히 요약한 것으로 증명서로서의 기능을 제공하지 않습니다.
실제 권리사항 파악을 위해서는 발급된 증명서를 필히 확인하시기 바랍니다.

[토지] 경상남도 거제시 연초면 죽토리 ○○○○ 대 75㎡

고유번호 1949-1996-○○○○

1. 소유지분현황 (갑구)

등기명의인	(주민)등록번호	최종지분	주　　　　소	순위번호
고은○ (공유자)	540925-*******	277분의 78	거제시 연초면 죽토리 ○○○ ○○○ ○○	6
옥두○ (공유자)	450704-*******	277분의 199	부산 동래구 거제동 ○○○	1

2. 소유지분을 제외한 소유권에 관한 사항 (갑구)

순위번호	등기목적	접수정보	주요등기사항	대상소유자
8	가압류	2006년4월17일 제14860호	청구금액 금73,827,432원 채권자 ○○주택금융공사	옥두○
14	강제경매개시결정	2015년6월29일 제43875호	채권자 주식회사 ○○행복기금	옥두○

3. (근)저당권 및 전세권 등 (을구)
- 기록사항 없음

[참 고 사 항]
가. 등기기록에서 유효한 지분을 가진 소유자 혹은 공유자 현황을 가나다 순으로 표시합니다.
나. 최종지분은 등기명의인이 가진 최종지분이며, 2개 이상의 순위번호에 지분을 가진 경우 그 지분을 합산하였습니다.
다. 지분이 통분되어 공시된 경우는 전체의 지분을 통분하여 공시한 것입니다.

　　고은○이 소유한 48○-3의 78/277지분과 옥두○가 소유한 199/277의 지분도 옥치○이 매입했다(48○-3의 토지는 옥치○ 단독 소유).

PART 02 • 현장답사의 실수 115

[토지] 경상남도 거제시 연초면 죽토리 ▨▨

【 표 제 부 】 (토지의 표시)

표시번호	접 수	소 재 지 번	지 목	면 적	등기원인 및 기타사항
1 (전 4)	2001년11월10일	경상남도 거제시 연초면 죽토리 ▨▨	대	202㎡	
					부동산등기법 제177조의 6 제1항의 규정에 의하여 2002년 07월 31일 전산이기

【 갑 구 】 (소유권에 관한 사항)

순위번호	등 기 목 적	접 수	등 기 원 인	권리자 및 기타사항
1 (전 4)	소유권일부이전	1993년6월28일 제14638호	1993년6월28일 매매	공유자 지분 277분의 199 옥두▨ 450704-******* 부산 동래구 거제동 ▨▨
1-1	1번등기명의인표시 변경	1998년6월12일 전거		옥두▨의 주소 부산 해운대구 좌동 ▨▨ 2003년4월16일 부기

[토지] 경상남도 거제시 연초면 죽토리 ▨▨

순위번호	등 기 목 적	접 수	등 기 원 인	권리자 및 기타사항
				옥미▨ 660310-******* 거제시 연초면 죽토리 ▨▨ 지분 2493분의 156 이상▨ 910221-******* 거제시 연초면 죽토리 ▨▨ 지분 2493분의 156 이상▨ 940225-******* 거제시 연초면 죽토리 ▨▨ 지분 2493분의 156 이상▨ 990220-******* 거제시 연초면 죽토리 ▨▨
6 (전 10)	5번옥미▨,이상▨, 이상▨,이상▨지분 전부이전	2001년7월31일 제22012호	2001년7월30일 매매	공유자 지분 277분의 78 고은▨ 540925-******* 거제시 연초면 죽토리 ▨▨
				부동산등기법 제177조의 6 제1항의 규정에 의하여 1번 내지 6번 등기를 2002년 07월 31일 전산이기
7	1번옥두▨지분전부 이전	2003년4월16일 제14977호	2003년4월16일 매매	공유자 지분 277분의 199 옥치▨ 520405-******* 거제시 신현읍 양정리 ▨▨
8	6번고은▨지분전부 이전	2004년5월19일 제22145호	2004년5월18일 매매	공유자 지분 277분의 78 옥치▨ 520405-******* 거제시 신현읍 양정리 ▨▨

소 장

원 고 주식회사 마음의 ○ 컨설팅(194211-0228○○○)

　　　창원시 의창구 도계두리길○번길 2○, 102호(도계동, ○○빌라)

　　　송달장소 : 평택시 평남로 10○○, 501호(동삭동, ○○빌딩)

　　　송달영수인 : 법무사 유종○

피 고 1. 고은○(540925-*******)

　　　　거제시 연초면 죽토리 7○○-5 거제○○빌라 501호

　　　2. 옥치○(380418-*******)

　　　　거제시 연초면 죽토리 5○○

공유물분할 등 청구의 소

청 구 취 지

1. 피고 전우○의 주장요지

1. 별지 1목록 기재 토지를 경매에 부치고 그 대금에서 경매 비용을 공제한 나머지 금액을 각 원고에게 277분의 199, 피고 고은○에게 277분의 78 지분에 따라 각 분배한다.

2. 피고 옥치○은 원고에게

　가. 별지 2도면 1, 2, 3, 4, 1의 각 점을 순차로 연결한 선내 (가)부분 목조 함석지붕 단층 정미소 약 8.4㎡를 철거하고, 별지 1목록 기재 토지를 인도하고,

　나. 2016년 5월 17일부터 위 토지인도완료일까지 월 금300,000원을 지급하라.

3. 소송비용은 피고들이 부담한다.

4. 제2항은 가집행할 수 있다.

라는 판결을 구합니다.

청 구 원 인

1. 토지의 공유관계

경상남도 거제시 연초면 죽토리 43○-4 대 75㎡(이하 '이 사건 토지'라 함)는 피고 고은○이 2001년 7월 30일 매매를 원인으로 277분의 78지분, 원고가 2016년 5월 17일 강제경매로 인한 매각을 원인으로 277분의 199지분을 각 취득해 공유하고 있습니다(갑제1호증의 1 토지부동산등기사항증명서 및 갑제1호증의 2 토지대장 참조).

2. 분할의 필요성 및 그 방법

이 사건 토지는 원고와 피고 고은○의 공동소유로 되어 있어 원고와 피고 모두가 재산권행사에 많은 제약을 받고 있는 바, 각 공유지분에 따라 분할을 할 필요가 있습니다.

이 사건 토지의 모양은 직사각형 모양으로 길게 뻗어 있는데, 면적은 불과 75㎡밖에 되지 않아 이를 현물로 분할할 경우, 전혀 쓸모없는 땅이 될 것이므로 부득이 경매로 매각처분해 그 대금을 각 공유지분대로 분할하는 방법이 가장 적절한 공유물 분할 방법이라 하겠습니다.

3. 건물의 소유 및 토지소유권의 침해

이 사건 토지와 인접한 경상남도 거제시 연초면 죽토리 43○-3 지상의 목조 함석지붕 단층 정미소 66.12㎡(이하 '이 사건 건물'이라 함)는 피고 옥치○이 소유, 창고로 이용하고 있습니다(갑제2호증 건물부동산등기사항증명서 참조).

별지 2도면과 같이 이 사건 건물은 이 사건 토지 및 같은 곳 43○−3 지상에 걸쳐 축조되어 있고(갑제3호증의 1, 2 지적도, 항공사진 참조), 토지의 침범부분은 약 8.4㎡입니다(갑제3호증의 3 실측도 및 갑제4호 증의 1 현황조사보고서 참조).

위와 같이 피고 옥치○은 원고의 이 사건 토지 소유권(공유지분)을 침해하고 있다 할 것이므로, 이 사건 건물을 철거하고 이 사건 토지를 인도할 의무가 있습니다.

4. 지료 상당의 부당이득 청구

위와 같이 피고 옥치○은 이 사건 건물을 소유하면서, 이 사건 토지 전체를 창고 영업에 이용하고 있으므로 원고가 소유지분을 취득한 2016년 5월 17일부터 이 사건 건물의 철거 및 이 사건 토지의 인도완료일까지 지료상당의 부당이득을 하고 있다 할 것이므로, 원고는 우선 월 금300,000원을 청구하오며, 향후 소송 진행 중 감정을 통해 청구취지를 변경하겠습니다.

5. 결어

위와 같은 사유로 원고는 피고 고은○을 상대로는 이 사건 토지의 경매를 통한 공유물 분할을, 피고 옥치○을 상대로는 이 사건 건물의 철거 및 이 사건 토지의 인도 및 지료상당의 부당이득금반환을 청구하기에 이른 것입니다.

분할매각도 찬성하고 지료청구도 찬성합니다

따라서 낙찰 후 고은○을 상대로 매각분할, 옥치○을 상대로 지료소송을 내자 고은○은 옥치○에게 지료를 받는 것은 동의하며, 매각분할도 동의한다고 답변했다. 본인은 지분으로 소유하고 있어도 불편한 것이 없지만, 지분권자가 원하니까 지분권자가 하자는 대로 할 테니 소송비용은 원하는 사람이 부담하라는 지능적인 답변에 사실 조금 당황했다. 그러나 창고주인인 옥치○을 압박하면 합의가 되리라고 생각했다.

나도 창고 허무는 것을 원해요!

법원에 출두한 창고주인은 옥치○이 아니라고 얘기하며, "왜 나를 상대로 창고를 허물고 지료를 내라고 하나?"고 반문했다. 옥치○이 재판에서 주장한 것은 창고가 다른 사람의 건물인데, 그렇지 않아도 지료도안 내고 있어서 머리가 아팠다고 했다. 그러면서 "나도 창고 허무는 것을 원해요! 빨리 판결을 내주면 좋겠어요"라고 했다. 판사님이 "창고는 누구 것이냐?"고 물었다. 창고는 몇 십 년 전부터 정미소로 지어서 사용하고 있었으나, 몇 년 전 창고로 개조했으며, 몇 달 전에 창고주는 사망했고, 상속자도 없다고 말했다. 토지를 사용하고 있는 소송 당사자가 사망해버렸다고 주장해서 피고를 지정할 수 없게 되어버렸다.

결국 옥치○의 말대로라면 이제 창고의 주인은 옥치○이 된 셈이다. 그러나 옥치○이 주인이 아니라는 답변에 옥치○이 창고 주인이라는 입증을 할 수 없기에 옥치○을 상대로 낸 소송은 취하할 수밖에 없었다. 결국 현재 창고를 임대해 사용하고 있는 사람을 찾아가 물어보았다. 그 사람도 임대 보증금을 받지 못 해 짐을 빼내지 못 하고 있다며, 그 창고를 더 이상 사용 안 하려 한다고 했다. 이미 경매가 진행되고 있다는 것을 다 알기에 입을 맞춘 것 같은 생각은 들었지만 별다른 반박을 할 수 없었다.

권리분석을 해보면 43○-3의 지분도 고은○이 78/277의 지분을 소유하고 있다가 옥치○에게 매도했다. 필자는 아직까지도 고은○과 옥치○이 예전부터 아는 사이(또는 가족)가 아닌가 생각되며, 어쩐지 속은 느낌이 들지만 별다른 방법은 없었다. 결국 고은○을 상대로 분할매각하라는 판결을 받아 43○-4의 토지만 전부를 경매로 매각했다. 1년 만에 1,493만 원에 낙찰되어 법원에서 배당으로 받아온 사건이다.

결국은 창고주를 상대로 건물을 허물고 지료를 내라고 압박하며 합의하려고 낙찰 받았으나 창고주가 사망해 협상 상대가 없어진 사건이다. 창고가 무허가건물이기에 주인이 명확하지 않아 옥치○이 창고의 주인이아니라는 답변에 더 이상 소송을 진행할 수 없었다. 그 후에도 창고는 건재하고 지금도 사용하고 있다.

답 변 서

사 건   2016가단 ▨▨ 공유물분할

원 고   주식회사 ▨▨▨선십빙(194211-▨▨▨)

피 고 1   고 은

이 사건 원고의 주장에 대하여 피고1은 다음과 같이 답변서를 제출합니다.

답 변 취 지

1. 원고의 청구취지 1은 이를 인용한다.
2. 소송비용은 원고의 부담으로 한다.
   라는 판결을 구합니다

답 변 내 용

1. 원고 주장에 대한 인부 여부

가. 원고가 주장하는 청구원인 1항의 "이시간토지"에 대하여 원고의 소유
   권 277분의 199, 피고의 소유권 277분의 78에 대하여는 공유사실을
   인정합니다.

나. 원고가 주장하는 청구원인 2항의 분할의 필요성 및 그 방법에 대해서
   도 동의합니다.

2. 지료 상당의 부당이득에 대한 피고1의 권리에 대하여

가. 청구원인 4항에서 원고는 이사건 토지를 무단으로 점유하여 영업에 이용하고 있는 피고 옥치▉에게 지료상당의 부당이득에 해당하는 월 금 300,000원을 지급 청구하고 있습니다.

나. 이 지료 청구 사실에 대하여 피고1은 당연히 동의합니다.

다. 다만, 이 지료에는 피고1의 공유지분권자의 권리로써 277분의 78에 해당하는 만큼의 지료를 받을 권리가 있습니다.

라. 그러므로 원고가 피고 옥치▉으로부터 이 지료를 지급 받게 되면 피고1의 권리에 대한 부분에 대하여 확실히 분배하여 지급하여야 합니다.

3. 소송비용의 부담에 대하여

가. 원고는 청구취지를 통하여 이 사건의 소송비용에 대하여 피고의 부담으로 하는 판결을 구하고 있습니다.

나. 그러나 이 소송의 청구취지 중 피고1과 관련된 부분인 공유물 분할 청구에 대하여는 피고1은 별나른 필요성을 느끼지 못하고 있으므로 그 분할의 필요성을 주장하는 원고가 당연히 부담하여야 하는 것이 당연한 이치라고 생각합니다.

4. 결어

피고 고은○의 답변서

이 사건 토지의 지분은 원고가 약 72%, 피고 1이 약 28%를 소유하고 있습니다.

또한 이 사건 토지의 분할 필요성에 대해서도 피고1은 그 필요성을 느끼지 못하고 있음에 반해 원고는 공유물 분할을 절실히 원하고 있으므로 원고의 주장대로 조속한 시일 내 분할을 실시하되, 그 필요성을 주장하는 원고가 소송비용을 부담하여야 할 것이며,

피고 옥치○에 대해 청구하고 있는 지료 상당의 부당이득금에 대하여도 원고와 피고1이 지분대로 분배하여야 할 것이라 생각되어 답변취지와 같은 판결을 구합니다.

2016.   8.

위 피고 1 고   은

창원지방법원 통영지원
조 정 조 서

사 건	2016가단■■ 공유물분할	
원 고	주식회사 ■■■컨설팅	
	창원시 의창구 도계두리길 6번길 ■■ ■■■■ ■■■■	
	송달장소 평택시 평남로 ■■ ■■ ■ ■■ ■ ■■ ■■	
	대표자 사내이사 김양■	
피 고	고은■	
	거제시 연초면 죽토로 ■ ■ ■ ■ ■■■■	
	소송대리인 박동■	

판 사 송 승 ■	기 일 : 2016. 10. 20. 10:50	
법 원 주 사 박 철 ■	장 소 : 제308호 법정	
	공개 여부 : 공 개	

원고 대표자 사내이사 김양■

피고 소송대리인 박동■

다음과 같이 조정성립

조 정 조 항

1. 원고와 피고는 별지 목록 기재 부동산을 경매에 부친 것에 합의하고, 2016. 11. 까지 공동 또는 단독으로 경매의 신청을 한다.

2. 원고와 피고는 별지 목록 기재 부동산의 매각대금 중 경매비용을 공제한 나머지 을 별지 지분 비율에 따라 분배하는 것으로 합의한다.

3. 원고는 나머지 청구를 포기한다.

4. 소송비용 및 조정비용은 각자 부담한다.

청 구 의 표 시

청구취지

별지 기재와 같다(피고 옥치█ 부분은 소가 취하되었음).

청구원인

별지 기재와 같다.

법 원 주 사 　박　　철　█

판　　사　송　　승　█

공유물분할을 위한 형식적 경매신청

신청인 주식회사 마음의 컨설팅 (194211-▨▨▨▨)

창원시 의창구 도계두리길6번길 ▨ ▨▨▨ ▨▨ ▨▨▨

대표자 사내이사 김앙▨

송달장소 : 평택시 평남로 ▨▨▨ ▨▨ ▨ ▨▨▨

송달영수인 : 법무사 유종▨

상대방 고은▨ (540925-2▨▨▨▨)

거제시 연초면 죽토로 ▨ ▨▨ ▨▨▨ ▨

등기부상주소 : 거제시 연초면 죽토리 ▨ ▨▨▨▨ ▨

경매할 부동산의 표시

별지 목록 기재와 같습니다.

집행권원의 표시

창원지방법원 통영지원 2016 가단 ▨▨ 공유물분할 사건의 조정조서

신 청 취 지

창원지방법원 통영지원 2016 가단 ▨▨ 공유물분할 청구사건의 집행력 있는 조정조서에 의거한 배당을 위하여 별지목록 기재 부동산에 대한 경매 개

는 것으로 판단됐다. 낙찰 후 1○2번지 주와 합의해 1○2번지의 일부지분을 분할해 1○1번지에 합병했다. 그러나 감정평가가 높게 평가된 것인지, 현지의 공인중개사무소에서는 감정가의 4,000만 원 정도로 매매가 가능하며, 그 정도가 현재 매매가격이라고 해서 매도한 사건이다.

결국 취등록세와 토지측량분할 합병비용 중개사 수수료 등을 제하고 나자 이득은 별로 없었으며, 낙찰에서 매도까지 약 1년 정도가 소요됐다. 결국 아파트와는 달리 토지는 공인중개사들이 경매로 낙찰 받은 가격을 알고 있어 매도가격을 어느 정도 조정한다는 것을 절실히 깨닫는 계기가 됐다.

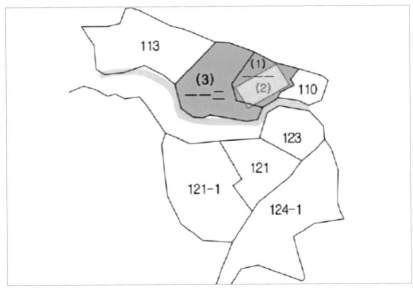

입석리 1○1번지 전체, 1○2번지 지분 33/658

결국 경매로 매도하기로 결정할 수밖에 없었다. 시간도 많이 걸리고 금전적으로는 손해가 많은 편이었다. 결국 감정평가사의 주의사항을 유심히 살피지 못 한 것이 실수의 시작이었다.

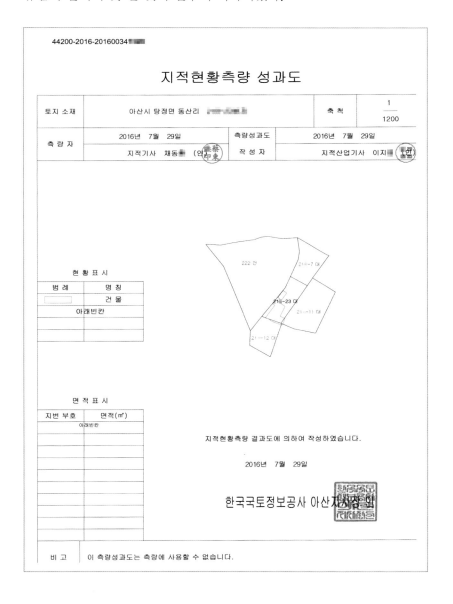

44200-2016-20160034

지적현황측량 성과도

토지 소재	아산시 탕정면 동산리		척 도	1 / 1200
측 량 자	2016년 7월 29일	측량성과도	2016년 7월 29일	
	지적기사 채동■ (인)	작 성 자	지적산업기사 이지■ (인)	

현 황 표 시

범 례	명 칭
	건 물
아래빈칸	

면 적 표 시

지번 부호	면적(㎡)
아래빈칸	

지적현황측량 결과도에 의하여 작성하였습니다.

2016년 7월 29일

한국국토정보공사 아산지사장 인

비 고	이 측량성과도는 측량에 사용할 수 없습니다.

21○-11의 마당을 통해 진입 도로 사용

출처 : 다음지도 항공사진

21○-11의 토지를 지나 계단을 이용해 진입

2015 타경 41076
경기도 화성시 우정읍 화산리

2015 타경 41076 (강제)	물번1 [배당종결] ▼		매각기일 : 2016-09-02 10:30~ (금)		경매8계 031-210-
소재지	( ) 경기도 화성시 우정읍 화산리 [도로명] 경기도 화성시 장포한말길				
용도	대지	채권자	청과	감정가	92,000,000원
토지면적	400㎡ (121평)	채무자	최정	최저가	(49%) 45,080,000원
건물면적		소유자	최정	보증금	(10%)4,508,000원
제시외	제외 : 148.5㎡ (44.92평)	매각대상	토지만매각	청구금액	264,156,006원
입찰방법	기일입찰	배당종기일	2016-02-12	개시결정	2015-11-23

기일현황

회차	매각기일	최저매각금액	결과
신건	2016-06-14	92,000,000원	유찰
2차	2016-07-19	64,400,000원	유찰
3차	2016-09-02	45,080,000원	매각

김경 /입찰7명/ 낙찰63,280,000원(69%)
2등 입찰가 : 61,399,999원

2016-09-09	매각결정기일	허가
2016-10-19	대금지급기한 납부 (2016.10.18)	납부

배당종결된 사건입니다.

사건 개요

이 사건은 화산리 3○3번지에 건축물이 두 채가 있으나 경매로 진행
된 물건은 화산리 3○3번지의 토지만 매각이다. 감정가 92,000,000원

의 토지를 63,280,000원에 낙찰 받고 건물철거 및 지료요구 소송을 한 사건이다.

감정평가사의 평가는 건축물대장의 건물과 현존하는 건물의 면적이 상이한 건축물이 소재한다고 했다. 토지주(정낙○에서 정국○로 상속해 최정○에게 매매) 평가로 법정지상권이 없는 건물로 단정하고, 낙찰 받아 감정평가의 주민등록상 거주자를 상대로 건물철거 및 지료소송을 제기했고, 재판부에서 요구하는 지료감정평가를 신청했다. 그러나 3○3번지의 건축물관리대장은 없다는 것을 답변서를 보고 확인해본 후 알았다. 즉 입찰하기 전 감정평가사의 평가만 믿고, 건축물대장을 확인하지 않았던 것이 실수의 시작이었다.

3○3번지에 소유한 건물도 없으며 거주하지도 않아요

소송 당사자인 천영○와 정낙○은 이미 오래전 사망했으며, 거주하지도 않고 건물도 없다는 답변에 황당했다. 그러나 천영○와 정낙○의 상속인들을 찾아 당사자 정정신청을 해서 소를 제기하면서 법원에 현장조사서와 감정을 신청했다.

천영○의 상속인들 답변은 피고들은 3○3번지에 거주하고 있으며, 건축물관리대장이 3○3번지로 잘못 기재되어 있어 3○2번지로 정정신청을 했다며, 3○3번지의 건축물관리대장이 2008년 3○2번지로 정정되어 있는 건축물관리대장을 증거로 제출했다.

감정평가액의 산출근거 및 결정의견

(1) 본건 기호1 지상에는 구조 및 면적이 상이하고 토지(소유자:최정▦)와 소유관계가 상이하게 등재된 건축물이 있음. 관련 공부에는 등기사항전부증명서상(소유자:천영▦) 연와조 슬래브지붕인 단층주택 80.7㎡와 일반건축물대장상(소유자:정낙▦) 목조,시멘트 블록조인 농가주택 및 창고 67.8㎡으로 등재되어 있음.

관련 공부에는 등기사항전부증명서상(소유자:천영▦) 연와조 슬래브지붕인 단층주택 80.7㎡와 일반건축물대장상(소유자:정낙▦) 목조,시멘트 블록조인 농가주택 및 창고 67.8㎡으로 등재되어 있는바 업무진행시 참고하시기 바람.

2016가단▨▨▨
민사6단독

답 변 서

원고 김 경 ▨
피고 정 낙 ▨ 외 3

위 사건에 관하여 피고들은 다음과 같이 답변을 합니다

청구취지 에 대한 답변

1. 원고의 청구를 기각한다
2. 소송비용은 원고의 부담으로 한다
   라는 판결을 구함

청구원인 에 대한 답변

피고 전영▨ 와 피고 정낙▨은 오래전에 사망을 하였으며 . 피고 서언▨ 과 정
성▨는 화성시 우정읍 화산리 ▨ 번지에 소유한 건물이 없으며 거주를 하지
도 않습니다
본 사건은 당사자의 선정이 잘못된 것입니다

2016 . 11 .

위 피고 서 언 ▨ (서언)

정 성 ▨ (정성)

2016 . 11. 14

수원지방법원   민사6단독   귀중

우정읍 화산리 3○2 밑의 붉은색 지붕 3○3번지는 건축물대장 없음

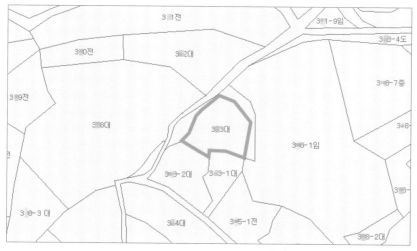

감 정 신 청 서

사건번호 2016 가단 ▮▮▮▮ 토지인도 등

원   고 감경▮

피   고 천영▮ 외 3

위 사건에 관하여 원고는 지료 및 철거대상인 건축물을 특정하기 위하여 다음과 같이 감정을 신청합니다.

  1. 감정의 목적
    1) 정확한 지료를 산정하기 위함
    2) 철거대상인 건물을 특정하기 위함

  2. 감정의 목적물
    1) 경기도 화성시 우정읍 화산리 ▮▮ 대 400 ㎡
    2) 위 지상에 존재하는 건축물

  3. 감정사항
    위 1) 부동산의 적정한 지료(토지임대료)
    위 2) 건축물의 위치, 용도, 면적, 구조 등

2016 . 12 .   .

위 원고 김경▮

수원지방법원   귀중

화산리 3○3번지에 거주하지 않는다는 답변에 법원에 현장 조사신청을 했으나 몇 달을 기다려도 답변이 없어 자체적으로 조사할 수밖에 없었다.

현황조사 신 청 서

〈본편인〉
12/5

사건번호   2016 가단 ▨▨▨ 토지인도 등
원   고   김경▨
피   고   천영▨ 외 3

위 사건에 관하여 원고는 피고들이 건물에 거주하지 않는다고 주장하므로
철거대상인 건물의 소유자 및 점유자를 조사하여 피고를 특정하고자 현황조사를
신청합니다.

1. 현황조사의 목적
   1) 건물의 소유자 및 점유자를 특정하기 위함

2. 현황조사의 목적물
   1) 경기도 화성시 우정읍 화산리 ▨▨ 대 400 ㎡
   2) 위 지상에 존재하는 건축물

2016 . 12 .   .

위 원고   김경▨

수원지방법원   귀중

감정평가사의 잘못된 건물의 감정

마냥 기다릴 수 없어 현장에 가서 탐문 조사한 결과, 주민등록상 거주자인 서언○과 정성○는 거주하지 않는 사람들이며, 천영○와 정낙○은 사망했다. 사망한 정낙○은 3○3-1번지에 거주하고 있었으며, 현재 3○3번지에 거주하는 사람은 남충○이 거주하고 있다는 사실을 현장에서 주민들에게 탐문해 알게 됐다. 주민등록상으로 거주하는 천영○와 정낙○의 상속자들로, 당사자 정정신청과 남충○을 피고소인에 추가해서 청구취지를 변경하며 속행 신청을 했다.

임대차관계조사서				
1. 임차 목적물의 용도 및 임대차 계약등의 내용				
[소재지] 1. 경기도 화성시 우정읍 화산리 ▒				
	점유인	서언▒	당사자구분	임차인
	점유부분		용도	주거
1	점유기간			
	보증(전세)금		차임	
	전입일자	1989.09.19	확정일자	
	점유인	정성▒	당사자구분	임차인
	점유부분		용도	주거
2	점유기간			
	보증(전세)금		차임	
	전입일자	2014.11.27	확정일자	

감정평가서에는 서언○과 정성○가 점유자로 되어 있었다

당사자(피고) 표시 정정신청서

사 건   2016 가단 ■■ 토지인도 등
원 고   김경■
피 고   천영■ 외3

위 사건과 관련하여 피고 천영■와 정낙■은 소제기 이전에 이미 사망하였으므로 원고는 다음과 같이 피고표시를 정정합니다.

정정후 피고의 표시

피 고   1. 천민■ (581229-2■■■■■)
           서울 강북구 덕릉로40길 ■■■■

       2. 천승· (601107-1■■■■)
           화성시 우정읍 장포한말길 ■■

       3. 천은■ (660701-1■■■■)
           청주시 서원구 월평로 ■■ ■■■ ■■■■■ ■ ■■ ■■■■■■

       4. 천효■ (671024-1■■■■)
           수원시 팔달구 장다리로306번길 ■
           ■■ ■■■■ ■■■ ■■■■■

       5. 천선 (681118-2■■■■)
           서울 영등포구 당산로16길 ■■ ■■■■

       6. 천관 (720307-1■■■■)
           청주시 서원구 신율로 ■■
           ■■■■■ ■■■ ■■■■■

       7. 서언 (360519-2■■■■)
           화성시 우정읍 장포한말길 ■■

피고 추가 신청

사　　건　　2016 가단 ███ 토지인도 등

원　　고　　김경█

피　　고　　천영█ 외3

위 사건과 관련하여 원고가 현장을 답사한 결과 이사건 건물에 우편물 등이 놓여있는 것을 확인한 바, 남충█ 이라는 사람이 거주하고 있는 것으로 파악되었으므로, 남충█을 이사건 피고로 추가신청합니다.

추가한 피고의 표시

피고　　11. 남충█

　　　　화성시 우정읍 장포한말길 ███ ██

첨부서류

1. 피고추가 신청서 부본　　11통

2017.　3.　.

위 원고　　김경

수원지방법원　귀중

2016가단 ▨▨▨
민사6단독

준 비 서 면

원고 김 경 ▨
피고 천 영 ▨ 외3

위 사건에 관하여 피고 천민▨, 천승▨, 천은▨, 천효▨, 천선 , 천관▨
는 다음과 같이 변론을 준비 합니다

다 음

위 피고들이 거주하고 있는 주택은 화성시 우정읍 화산리 ▨번지에 존재하고
있습니다
위 건물은 원래 건축물 대장상 화산리 ▨▨ 지상에 있는 깃으로 되어 있있으나
2008 년3월23일 같은리 ▨▨ 로 지번이 변경되었음이 건축물 대장상으로도
명확히 기재되어 있습니다
결론적으로 피고들은 화산리 ▨▨ 지상에 거주하지 않으므로 본 청구는 부당
한 것입니다

2017 . 4 . .

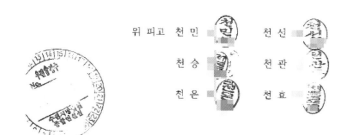

위 피고 천 민 ▨   천 신 ▨

천 승 ▨   천 관

천 은 ▨   천 효

수원지방법원   민사6단독   귀중

확인번호: 0119-QKW6-BDL5-CK9U-E44Y
■ 건축물대장의 기재 및 관리 등에 관한 규칙 [별지 제1호서식] <개정 2017. 1. 20 > [시행일:2017.1.20] 내진능력란에 관한 개정규칙

일반건축물대장(갑)

(1쪽 중 제1쪽)

고유번호	4159025631-1-■■■■			명칭				호수/가구수/세대수	0호/1가구/0세대
대지위치	경기도 화성시 우정읍 화산리		지번	342	도로명주소	경기도 화성시 우정읍 창포환길■		
※대지면적	㎡	연면적	80.7㎡	※지역		※지구		※구역	
건축면적	80.7㎡	용적률 산정용 연면적	80.7㎡	주구조		주용도	농가주택	층수	지하 층/지상 1층
※건폐율	%	※용적률	%	높이	m	지붕		부속건축물	
※조경면적	㎡	※공개 공지 공간 면적	㎡	※건축선 후퇴면적	㎡	※건축선 후퇴거리			m

건축물 현황

구분	층별	구조	용도	면적(㎡)	
주1	1층	연와조	농가주택	80.7	
		~ 이하여백 ~			

소유자 현황

성명(명칭) 주민(법인)등록번호 (부동산등기용등록번호)	주소	소유권 지분	변동일 변동원인
천임○ 860701-1******	충청북도 청주시 서원구 월평로■	1/6	2016.07.20 소유권보존
천임표 581229-2******	서울특별시 강북구 덕릉로40길■	1/6	2016.07.20 소유권보존

이 등(초)본은 건축물대장의 원본내용과 틀림없음을 증명합니다.

발급일 : 2018년 06월 20일
담당자 :
전 화 :

화성시장

화성시장
인

※ 표시 항목은 총괄표제부가 있는 경우에는 기재하지 않을 수 있습니다.

확인번호: 0119-QKW6-BDL5-CK9U-■■■

(2쪽 중 제2쪽)

| 고유번호 | 4159025631-1-■■■■ | | | | 명칭 | | 호수/가구수/세대수 | 0호/1가구/0세대 |
| 대지위치 | 경기도 화성시 우정읍 화산리 | | 지번 | 342 | 도로명주소 | 경기도 화성시 우정읍 창포환길■ | | |

구분	성명 또는 명칭	면허(등록)번호		※주차장				승강기		허가일	
건축주	천임○	320127-1******	구분	옥내	옥외	인근	면제	승용 대	비상용 대	착공일	
설계자				대 ㎡	대 ㎡	대	대	※하수처리시설		사용승인일	1980
공사감리자			자주식	대 ㎡	대 ㎡		형식		관련 주소	
공사시공자 (현장관리인)			기계식	대 ㎡	대 ㎡		용량	인용	지번	

※건축물 에너지효율등급 인증		※에너지성능지표(EPI)점수	※녹색건축 인증		※지능형건축물 인증		
등급		점	등급		등급		
에너지절감률(또는 1차에너지 소요량)	%(㎾h/㎡)	인증점수 점	인증점수 점				
유효기간	. . ~ . .	유효기간 . . ~ . .	유효기간 . . ~ . .		도로명		
내진설계 적용 여부	내진능력	특수구조 건축물	특수구조 건축물 유형				
지하수위	G.L m	기초형식	설계지내력(지내력기초인 경우) t/㎡	구조설계 해석법			

변동사항

변동일	변동내용 및 원인	변동일	변동내용 및 원인	그 밖의 기재사항
1980. .	신규작성(신축)	2011.10.05	건축물대장 기초자료 정비에 의거 (표제부(건축면적:'0' -> '6 0.7')) 직권변경	
2001.03.21	법률 제6280호에 의거 화성군서 2001.03.21 행정 구역변경		~ 이하여백 ~	
2003.08.14	우정면에서 우정읍으로변경			
2008.03.23	지번변경(343 → 342)			

※ 표시 항목은 총괄표제부가 있는 경우에는 기재하지 않을 수 있습니다.

피고소인이 제출한 증거자료에 의해 주민등록상 거주자인 천영○와 정낙○은 이 사건과 관련 없음이 확인됐기에 남충○만을 상대로 다시 소를 제기했다.

소 장

원 고 김경   (770112-1   )

안양시 동안구 관악대로360번길

송달장소 : 평택시 평남로

송달영수인 : 법부사 유종

피 고 남충

화성시 우정읍 화산리

토지인도 등 청구의 소

청 구 취 지

1. 피고는 원고에게,

가. 경기도 화성시 우정읍 화산리   대 400㎡ 지상의 건물을 철거하

나. 위 토지를 인도하고,

다. 2016. 10. 18.부터 위 토지인도 완료일 또는 원고의 토지소유권 상

실일까지 연 금4,600,000원의 비율로 계산한 돈을 지급하라.

2. 소송비용은 피고가 부담한다.

3. 제1항은 가집행할 수 있다.

라는 판결을 구합니다.

이때에 지료감정에 대한 평가서가 도착해 지료감정서에 의해 청구취

지를 변경했다.

청구취지변경 신청서

사　건　2017 가단 ▨▨▨ 토지인도 등

원　고　김경▨

피　고　남충▨

위 사건과 관련하여 원고는 귀원으로부터 측량감정결과부를 수령하였는 바, 감정결과에 따라 다음과 같이 청구취지를 변경합니다.

변경후 청구취지

1. 피고는 원고에게,

　가. 경기도 화성시 우정읍 화산리 ▨▨ 대 400㎡ 지상의 별지 도면 표시 1, 2, 3, 4, 5, 6, 1의 각점을 순차로 연결한 선내 ㄱ 부분 콘크리트화장실 9㎡, 7, 8, 9, 10, 11, 12, 7의 각점을 순차로 연결한 선내 ㄴ 부분 콘크리트주택 62㎡, 13, 14, 15, 16, 17, 18, 13의 각점을 순차로 연결한 선내 부분 콘크리트주택 50㎡를 각 철거하고,

　나. 위 토지를 인도하고,

　다. 2016. 10. 18.부터 위 토지인도 완료일 또는 원고의 토지소유권 상실 일까지 연 금4,600,000원의 비율로 계산한 돈을 지급하라.

2. 소송비용은 피고가 부담한다.

3. 제1항은 가집행할 수 있다.

라는 판결을 구합니다.

남충○은 무변론으로 재판정에 불출석해 무변론 판결을 받았다.

수 원 지 방 법 원

판 결

사 건	2017가단 █████ 토지인도등	
원 고	김경████	
	안양시 동안구 관악대로360번길 ████████ ████ ██████	
	██████████	
	송달장소 평택시 평남로 ██████ ████ ██ ██████	
피 고	남충██	
	화성시 우정읍 화산리 ████████████ █	
변론종결	부변론	
판결선고	2018. 2. 27.	

주 문

1. 피고는 원고에게,

가. 경기도 화성시 우정읍 화산리 ████ 대 400㎡ 지상의 별지 도면 표시 1, 2, 3, 4,
5, 6, 1의 가 점을 차례로 연결한 선내 ㉠부분 콘크리트화장실 9㎡, 7, 8, 9, 10,
11, 12, 7의 각 점을 차례로 연결한 선내 ㉡부분 콘크리트주택 62㎡, 13, 14,
15, 16, 17, 18, 13의 각 점을 차례로 연결한 선내 ㉢부분 50㎡를 각 철거하고,

나. 위 토지를 인도하며,

다. 2016. 10. 18.부터 위 토지의 인도 완료일 또는 원고의 토지소유권 상실일까지

언 4,600,000원의 비율로 계산한 돈을 지급하라.

2. 소송비용은 피고가 부담한다.

3. 제1항은 가집행할 수 있다.

청 구 취 지

주문과 같다.

이 유

1. 청구의 표시

    별지 청구원인 기재와 같다.

2. 무변론 판결(민사소송법 제208조 제3항 제1호, 제257조 제1항)

              판사   박석□

변동일	변동내용 및 원인	변동사항
1980. .	신규작성(신축)	
2001.03.21	법률 제6280호에 의거 화성군이 화성시로 2001.03.21 행정구역변경	
2003.06.14	우정면에서 행정구역명칭변경	
2008.03.23	지번변경(3▪3 → 3▪2)	

❋ 표시 항목은 총괄표제부가 있는 경우에는 기재하지 않을 수 있습니다.

화산리 3○3에서 3○2로 변경(2008년 3월 23일)

건축물대장의 번지수 정정

건축물관리대장 생성 시에는 3○3번지였으나 2008년도에 3○2번지로 번지수를 변경했다. 아마도 건축물관리대장 생성 시 번지수를 잘못 적은 것을 공무원에게 수정 요청을 했으며, 담당공무원이 현장답사를 해서 건축물관리대장상 건물이 3○2번지와 같은 건물임을 확인 후 변경했을 것으로 생각된다.

그러나 감정평가사는 3○2번지의 건축물을 3○3번지의 건축물로 감정평가해 필자는 법정지상권이 없는 건축물로 착오를 일으킨 것이다. 감정평가사를 원망하기보다는 건축물관리대장을 확인해보지 않은 잘못도 있다. 거주하지 않는 사람들 두 명이 주민등록이 되어 있고, 주민등록 전입도 없는 남충○이라는 사람이 거주하고 있었기에 복합적으로 일어난 사건이다.

현장답사 시 좀 더 탐문조사를 했다면 미리 알아챌 수도 있었을 것이다. 결국 동네에 거주하는 사람이 연락 와서 낙찰가에서 경비만 받고 매도하라고 했다. 더 이상 망설일 수 없었다.

실수의 핵심

❶ 건축물관리대장의 주소 변경이 됐음을 확인하지 않았다.

❷ 입찰 전 현장답사 시 건축주와 실제 거주자의 사전조사가 미흡했다.

❸ 실제 거주자 남충○은 경제력 없는 거주자였다.

❹ 제3자에게 매도하기 위한 건축물의 매수가 불가했다.

2015 타경 904
충청남도 논산시 연무읍 동산리

2015 타경 904 (임의)		매각기일 : 2015-11-16 10:00~ (월)			경매1계 041-746-████	
소재지	(████) 충청남도 논산시 연무읍 동산리 ████					
용도	대지	채권자	████축산업협동조합	감정가	57,228,000원	
토지면적	228㎡ (68.97평)	채무자	송금██	최저가	(64%) 36,626,000원	
건물면적		소유자	송금██	보증금	(10%) 3,663,000원	
제시외		매각대상	토지만매각	청구금액	29,637,867원	
입찰방법	기일입찰	배당종기일	2015-06-08	개시결정	2015-03-02	

기일현황 ▼간략보기

회차	매각기일	최저매각금액	결과
신건	2015-09-07	57,228,000원	유찰
2차	2015-10-12	45,782,000원	유찰
3차	2015-11-16	36,626,000원	매각
	낙찰40,630,000원(71%)		
	2015-11-23	매각결정기일	허가
	2015-12-28	대금지급기한 납부 (2015.12.15)	납부
	2016-01-29	배당기일	완료
	배당종결된 사건입니다.		

사건 개요

이 토지는 지적도상 맹지이지만, 현황도로는 있으며 용도지역이 상업지역이다. 현황도로에 의해 건축허가가 가능한지를 건축설계사무소

❶ 상업지역이라는 점만 생각했다.

❷ 현황도로로 건축허가가 가능하다는 생각만 했다.

❸ 자동차 출입이 불가능하다는 생각은 못 한 나대지였다(건축시공 시 어려움).

6

2016 타경 1581
충청남도 보령시 웅천읍 대창리

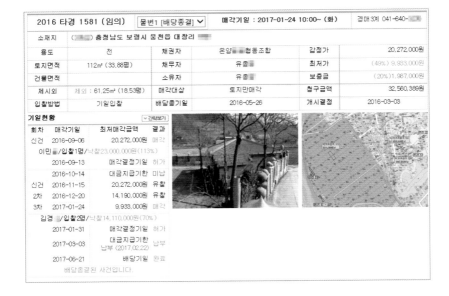

2016 타경 1581 (임의)		물번1 [배당종결] ✔		매각기일 : 2017-01-24 10:00~ (화)		경매 3계 041-640-
소재지	( ) 충청남도 보령시 웅천읍 대창리					
용도	전	채권자	온양 협동조합	감정가		20,272,000원
토지면적	112㎡ (33.88평)	채무자	유종	최저가		(49%) 9,933,000원
건물면적		소유자	유종	보증금		(20%) 1,987,000원
제시외	제외 : 61.25㎡ (18.53평)	매각대상	토지만매각	청구금액		32,560,389원
입찰방법	기일입찰	배당종기일	2016-05-26	개시결정		2016-03-03

기일현황 ⌄간략보기

회차	매각기일	최저매각금액	결과
신건	2016-09-06	20,272,000원	매각
이민 /입찰1명/낙찰23,000,000원(113%)			
	2016-09-13	매각결정기일	허가
	2016-10-14	대금지급기한	미납
신건	2016-11-15	20,272,000원	유찰
2차	2016-12-20	14,190,000원	유찰
3차	2017-01-24	9,933,000원	매각
김경 /입찰2명/낙찰14,110,000원(70%)			
	2017-01-31	매각결정기일	허가
	2017-03-03	대금지급기한 납부 (2017.02.22)	납부
	2017-06-21	배당기일	완료
배당종결된 사건입니다.			

사건 개요

이 사건은 토지는 20,272,00원의 감정가에 14,110,000원에 시작된 임의경매다. 약 34평의 토지에 예전 건물이지만 건물이 깨끗하게 잘 정리되어 있어 주인의 깔끔한 성격을 대변해주고 있었다. 대문 앞에는 진돗개도 한 마리 있어 거주자가 없다는 생각은 전혀 하지 않았다.

권리분석에 의하면 법정지상권이 없으며, 건물의 일부가 옆 토지에 걸쳐 있기에 토지 낙찰 후 건물철거소송을 하면 당연히 협상되리라 생각하고 낙찰 받았다. 낙찰 후 소송을 내자 답변서에서 그 토지가 남의 이름으로 됐다는 것을 처음 알았다. 이미 사망한 전용○(보친)가 사용하던 건물이라며, 현재는 아무도 사용하지 않고, 건물의 일부가 본인의 토지에 걸쳐 있다는 주장이었다. 또한 20년 이상을 점유하고 사용했기에 시효 취득을 했다고 주장하자 재판부에서는 피고에게 시효취득은 인정되지 않는다는 설명과 원고에게는 철거와 지료청구소송을 하기 위해서는 현황 측량과 지료 감정을 하라는 재판부의 요구에 감정료와 측량비용을 납부했다. 측량결과와 지료감정평가에 의해 청구취지를 변경했다.

건물을 철거하겠다

재판부에서 지료와 철거를 해야 한다는 설명과 다음에 선고하겠다고 하자 재판이 끝나고 밖에 나와 조속한 시일 내에 건물을 철거하겠다는 제의를 해온다. 협상을 할 줄 알았더니 어머니가 사시던 건물인데, 돌아가시고 나니 건물을 사용할 사람도 없다며 철거하겠다고 한다. 건물을 철거하겠다고 약속하는 데는 더 할 말이 없어 허무면 소송을 취하하겠다고 해 재판부에 조정합의서를 제출했다.

그러나 38평 쪼가리 땅에 건물을 허물어도 매각에는 자신이 없었다. 며칠 후 1,000만 원이면 토지를 매입하겠다며 연락이 왔다. 아니면 1주일 내로 건물을 허문다고 했다. 1,411만 원의 원가와 소송비용, 취등록세 비용, 측량 및 지료감정비용 등을 생각하니 적자가 엄청나다. 쓰라린 가슴을 어루만지며 이것도 공부라고 위로하며 매도하고, 법원에 조정 성립됐다고 소송 취하서를 제출했다.

결국 건축주 유종○의 배짱에 패배한 것이다. 실수의 원인은 건물의 상태가 깔끔했으며, 입구에 있는 진돗개 때문에 거주자가 있는 것으로 판단했던 것이다. 돌아가신 부모님이 별도로 거주하던 집은 허물어도 아쉬울 것이 없다는 상속자의 배짱에 미처 생각하지 못 한 결과다.

깨끗한 주변과 진돗개

답 변 서

사　　　건　2017 가단 ▇▇▇호 토지인도등
원　　　고　김경▇
피　　　고　전일▇

위 사건에 관하여 피고는 아래와 같이 답변합니다.

청구취지에 대한 답변

1. 원고의 청구를 기각한다.
2. 소송비용은 원고의 부담으로 한다.
   라는 판결을 구합니다.

청구원인에 대한 답변

1. 원고가 인도를 구하는 토지(이하, 이 사건 토지라고 합니다)의 지적도(율제 1호증)
   와 같이 주변 토지는 모두 1970년대 중반 피고가 매매로 취득한 토지이며, 철거를
   구하는 주택(이하, 이 사건 주택이라 합니다)은 이 사건 토지와 함께 피고의 부 망
   전용▇(2005. 4. 9. 사망, 이하 전용▇라고만 합니다)가 1960년대 중반 소외 망 조
   문▇로부터 매매로 취득하여 사망하기 전까지 거주했던 부동산입니다.

2. 그리고 전용▇가 사망한 후 피고가 상속받아 현재까지 공연평온하게 점유,사용하여
   오고 있습니다.(전용▇ 및 피고는 이 사건 토지에 대하여 경매가 진행되기 까지 당
   연 소유로 알고 있었으며 더욱이 임대료등 요구받은 사실도 없어 이건 경매로 인하
   여 타인의 소유임을 비로서 알게 된 것입니다)

3. 더더욱 을제 2호증의 1 다음지도 사진 및 을제 2호증의 2 사진과 같이 입구와 을 타리가 석물로 경계되어 있어 누구도 타인의 소유임을 알 수도, 주장할 수도 없는 토지인 것입니다.

4. 이상과 같이 이 사건 토지 및 건물은 1960년대 중반 피고의 아버지가 매매로 취득 하였고, 이를 승계하여 현재까지 50년이 넘게 평온 공연하게 피고가 점유를 계속하 고 있습니다. 그러므로 이 사건 토지는 전용▒가 소외 조문▒로부터 취득하여 점유 를 개시한 1960년대 중반부터 20년이 경과한 1980년대 중반 이미 점유시효취득하 였고 이를 피고가 승계한 것입니다. 더욱이 철거를 구하는 건물은 전용▒가 이 사 건 토지의 소유자였던 소외 조문▒로부터 매매로 취득한 건물이므로 법정지상권이 있다 할 것입니다.

5. 그러므로 원고의 청구는 이유가 없어 기각되어야 마땅한 것입니다.

증 거 방 법

을제 1호증	지적도
을제 2호증의 1	다음지도(석물 담장확인용)
을제 2호증의 2	사진
을제 3호증의 1 내지 6	각 부동산등기부등본
을제 4호증	말소자주민등록초본
을제 5호증	가족관계증명서

기타 변론시 필요에 따라 수시 제출 하겠음.

첨 부 서 류

1. 위 입증방법 사본	1 부
1. 답변서 부본	1 부

지료 감정 신청서

사   건   2017 가단 ▮▮▮ 토지인도 등
원   고   김경▮
피   고   선인▮

위 사건에 관하여 원고는 원고가 청구하는 지료상당의 부당이득금 반환 청구와 관련하여 정확한 지료산정을 위하여 다음과 같이 감정을 신청합니다.

1. 감정의 목적
    정확한 지료를 산정하기 위함

2. 감정의 목적물
    충청남도 보령시 웅천읍 대창리 ▮▮▮ 전 112㎡

3. 감정사항
    위 부동산에 대한 2017. 2. 22.부터 적정 토지임대료

2017 . 8 .   .

위 원고   김경▮

대전지방법원 홍성지원   귀중

측량 감정 신청서

사   건   2017 가단 ███ 토지인도 등   [담당재판부 : 민사2단독]
원   고   김경██
피   고   전원██

위 사건에 관하여 원고는 원고가 청구하는 철거대상 건물을 특정하기 위하여 다음과 같이 감정을 신청합니다.

1. 감정의 목적
    철거대상 건물을 특정하기 위함

2. 감정의 목적물
    충청남도 보령시 웅천읍 대창리 ██ 전 112㎡
    위 지상에 존재하는 건축물

3. 감정사항
    위 건축물의 정확한 위치(도면), 구조, 면적

2017 . 8 .   .

위 원고   김경██

대전지방법원 홍성지원   귀중

청구취지변경신청

사　　건　　2017 가단 ████ 토지인도
원　　고　　김경█
피　　고　　전일█

위 사건과 관련하여 원고는 측량감정결과 통보를 받고 철거대상 건물을 특
정할 상황에 이르렀으므로 다음과 같이 청구취지를 변경합니다.

- 다　　음 -

1. 피고는 원고에게,
　　　　가. 충청남도 보령시 웅천읍 대창리 ████ 전 112㎡ 지상의 별지 도면
　　　　　　표시 1, 2, 3, 4, 5, 6, 7, 1의 각점을 순차로 연결한 선내 (ㄱ)부분
　　　　　　블럭조 슬레이트지붕 건물 27㎡를 철거하고,
　　　　나. 위 토지를 인도하고,
　　　　다. 2017. 2. 22.부터 위 토지인도 완료일 또는 원고의 토지소유권 상
　　　　　　실일까지 연 금2,000,000원의 비율로 계산한 돈을 지급하라.
2. 소송비용은 피고가 부담한다.
3. 제1항은 가집행할 수 있다.
라는 판결을 구합니다.

첨부서류

1. 청구취지변경신청서 부본 1통

2017. 11. 1.
위 원고 김경█

대전지방법원 홍성지원 귀중

조정회부 신청

사   건   2017 가단 ▨▨ 토지인도
원   고   김경▨
피   고   전원▨

위 사건과 관련하여 원고는 다음과 같은 내용으로 조정을 원하므로 조정에
회부하여 주시기 바랍니다.

- 다   음 -

1. 피고는 원고에게 2018. 1. 31. 까지,
　　　　가. 충청남도 보령시 웅천읍 대창리 ▨▨ 전 112㎡ 지상의 별지 도면
　　　　　　표시 1, 2, 3, 4, 5, 6, 7, 1의 각점을 순차로 연결한 선내 (ㄱ)부분
　　　　　　슬래브조 슬레이트지붕 건물 27㎡ 및 담장을 철거하고,
　　　　나. 위 토지를 인도한다.
2. 소송비용은 각자 부담한다.

신청사유

1. 재판 외 합의

지난번 2017. 11. 22. 변론기일을 마치고 법정 외에서 원고는 피고와 상의를
하였는 바, 피고도 **건물 및 담장을 자진해서 철거해줄 의사가 있는 것으로**
파악되었으므로 별다른 득이 없는 지료상당 부당이득금 청구 부분을 포기하
고 피고가 내년 1월 말까지는 자진해서 철거를 이행하겠다고 하였으므로 위
조정조항과 같은 조정을 시도해 주시기 바랍니다.

2. 지료감정의 보류

원고가 이미 지료감정비용을 예납하였으나 위와 같이 원고와 피고간에 합의가 이루어진 이상 **지료감정의 실시를 중단**하여 주시고, 다음번 변론기일에 위와 같은 조정을 시도하여 주시기를 청합니다.

첨부서류

1. 조정회부 신청서 부본 1통

2017. 11. 27.

위 원고 김경

대전지방법원 홍성지원 귀중

소 취하서

사   건   2017 가단 ▒▒▒ 토지인도 등

원   고   김경

피   고   유종▒

위 당사자 간 귀원 2016 가단 2090 토지인도 등 청구사건과 관련하여 원고
는 소 전부를 취하합니다.

첨부서류

1. 인감증명서   1통
1. 취하서 부본   1통

2017.   7.   .

위 원고   김경▒

❶ 건축물에 거주자가 있는 것으로 착각했다(입구에 있었던 진돗개 때문에 오해).

❷ 건축주가 건축물을 허문다고 했을 때 대처 방법이 없었다.

❸ 지료 감정평가에서 지적도에 의하면 건물의 일부가 190번지에 침범됐음을 알았다(항공사진으로 확인 가능).

❹ 건축물이 옆 토지를 침범해 건물매입이 불가능했다.

❺ 토지 면적이 작아 건축물 철거 후 토지만 매각해도 투자금 회수가 어려웠다.

❻ 건물의 주변이 정리가 잘되어 있어서 탐문조사를 안했다(청소 및 정원).

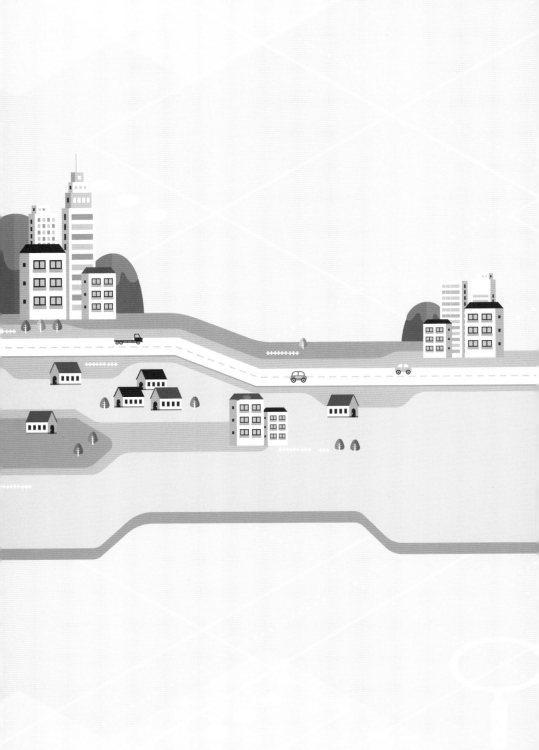

매각해 현금분할로 결정

2014 타경 11152
경기도 평택시 청북면 삼계리

2014 타경 11152 (임의)	물번1 [배당종결] ✓		매각기일 : 2016-08-22 10:00~ (월)		경매1계 031-650-
소재지	( ) 경기도 평택시 청북면 삼계리				
용도	전	채권자	조광	감정가	166,160,000원
지분토지	536㎡ (162.14평)	채무자	박종	최저가	(70%) 116,312,000원
건물면적		소유자	민선 外	보증금	(10%) 11,632,000원
제시외		매각대상	토지지분매각	청구금액	330,000,000원
입찰방법	기일입찰	배당종기일	2016-04-19	개시결정	2014-08-13

기일현황

회차	매각기일	최저매각금액	결과
신건	2016-07-11	166,160,000원	유찰
2차	2016-08-22	116,312,000원	매각

김기 /입찰1명/낙찰123,312,000원(74%)

	2016-08-29	매각결정기일	허가
	2016-10-06	대금지급기한 납부 (2016.10.04)	납부
	2017-03-30	배당기일	완료

배당종결된 사건입니다.

감정평가현황 ▶ 감정 . 가격시점 : 2016-02-11   🔍 감정평가서

토지	건물	제시외건물(포함)	제시외건물(제외)	기타(기계기구)	합계
166,160,000원	x	x	x	x	166,160,000원

토지현황   🔍 토지이용계획/공시지가 🔍 부동산정보 통합열람

	지번	지목	토지이용계획	비교표준지가	(지분)면적	단가(㎡당)	감정가격	비고
1	삼계리	전	계획관리지역	85,500원	536㎡ (162.14평)	310,000원	166,160,000원	1206면적중 민선 외1명지분 536전부

기타 "삼덕초등학교" 북서측 근거리에 위치 / 주변은 전, 답, 소규모공장, 자연림 등이 혼재 / 본건까지 차량 출입이 가능 / 근거리에 버스정류장이 소재, 대중교통 여건은 보통 / 인접지 및 인접도로 대비 남동측 하향환경사의 사다리형의 토지 / 북서측으로 노폭 약 10m, 남서측으로 노폭 약3~4m 정도의 포장도로로 진출입 가능

사건 개요

이 사건의 토지는 총 41명의 지분 중 민선○, 민철○ 2명의 지분만 경매로 진행됐다. 처음 이 물건은 상속으로 김희○, 민태○, 민천○, 민철○ 4명이 지분으로 소유하고 있었다. 그러나 김희○의 지분만 경매로 나오자 25명이 공유지분으로 낙찰 받았으며, 다시 민태○의 지분이 경매로 또 나오자 22명이 공유지분으로 낙찰 받았다. 1차와 2차에 두 번 다 낙찰 받은 사람이 5명이다.

민선○ (공유자)	961110- *******	594분의 132	경기도 평택시 고덕면 서동대로 ○○○○, 101동 902호(○○아파트)
민철○ (공유자)	910503- *******	594분의 132	경기도 평택시 고덕면 서동대로 ○○○○, 101동 902호(○○아파트)

민성○ 지분과 민철○ 지분

서류상으로는 지분권자가 41명이지만

즉 서류상으로는 지분권자가 41명이지만, 필자의 생각에 법률적 상대자는 1명뿐일 것이라는 판단이다. 처음 1명의 지분이 상속으로 4명의 지분이 됐으며, 이 지분을 1차 김희○ 지분을 공유자 22명이, 2차 민태○ 지분을 공유자 25명이 시간차를 두고 낙찰 받았다. 1차 낙찰 받은 공유자와 2차 낙찰 받은 공유자 중 5명이 같은 사람인 것을 확인한 후 서류상 지분권자는 42명이지만, 이 사건을 지휘하는 사람은

1명으로 생각됐다. 아마도 어떤 경매 학원에서 공유자 실전 투자 연습을 한 것이라는 생각이 들었다. 3차는 민천○, 민철○ 지분이 함께 나온 것이다. 예전에 경매가 진행됐던 사건을 보면 독자 여러분들도 쉽게 이해할 수 있다. 1차는 61○-1 외 4필지, 2차는 61○-1 외 2필지가 진행됐다. 필자가 판단하기에는 이 중에서 제일 좋은 토지는 61○-1이다.

[도지] 경기도 평택시 청북면 삼계리 ■ ■ 전 1206㎡ 고유번호 1313-2006-■

1. 소유지분현황 (갑구)

등기명의인	(주민)등록번호	최종지분	주　　소	순위번호
고은■ (공유자)	610301-*******	594분의 6	서울특별시 성북구 화랑로 ■■■ ■■■ ■■	21
김가■ (공유자)	860707-*******	594분의 6	서울특별시 강남구 봉은사로11길 ■ ■■ ■■■■	21
김광■ (공유자)	751019-*******	594분의 5	경기도 광명시 성채로 ■■■ ■■■■	16
김균■ (공유자)	740601-*******	594분의 5	경기도 화성시 병점4로 ■■■■ ■■	16
김기■ (공유자)	810215-*******	594분의 10	서울특별시 서초구 신반포로 ■■■ ■■■■■■■	16
김동■ (공유자)	770630-*******	594분의 6	경기도 용인시 기흥구 동백7로 ■■■ ■■ ■■	21
김미■ (공유자)	690722-*******	594분의 6	서울특별시 관악구 은천로39길 ■■■ ■■■	21
김성■ (공유자)	740306-*******	594분의 6	경기도 여주시 가남읍 양화로 ■■■ ■■ ■■■■■■■	21
김영■ (공유자)	821223-*******	594분의 6	서울특별시 관악구 신림로3가길 ■■ ■■	21
김용■ (공유자)	681027-*******	594분의 10	경기도 가평군 가평읍 준촌로 ■■■ ■■■	16
김용■ (공유자)	681027-*******	594분의 6	경기도 가평군 가평읍 준촌로 ■■■ ■■■	21
김은■ (공유자)	740901-*******	594분의 10	충청남도 천안시 서북구 봉정로 ■	16

등기명의인	(주민)등록번호	최종지분	주　　소	순위번호
김은■ (공유자)	801105-*******	594분의 6	경기도 성남시 수정구 대왕판교로981번길 ■ ■■ ■■■■	21
김정■ (공유자)	620725-*******	594분의 6	서울특별시 송파구 중대로 ■■■ ■■■■	21
김종■ (공유자)	610516-*******	594분의 10	서울특별시 송파구 ■■■■■■■	16
김종■ (공유자)	610516-*******	594분의 6	서울특별시 송파구 문정로 ■■■ ■■	21
나석■ (공유자)	600519-*******	594분의 10	경기도 구리시 장자대로37번길 ■■ ■■	16
민선■ (공유자)	961110-*******	594분의 132	경기도 평택시 고덕면 서동대로 ■■■ ■■■	6
민철■ (공유자)	910503-*******	594분의 132	경기도 평택시 고덕면 서동대로 ■■■	5
박수■ (공유자)	740302-*******	594분의 6	서울특별시 광진구 천호대로110길 ■■ ■■■■	21
박육■ (공유자)	600615-*******	594분의 10	광주광역시 서구 화운로 ■■ ■■■ ■■■■	16
박육■ (공유자)	600615-*******	594분의 6	광주광역시 서구 화운로 ■■ ■■■ ■■■■	21
박정■ (공유자)	621227-*******	594분의 20	경기도 안산시 상록구 살리로 ■■■■	16
박현■ (공유자)	700113-*******	594분의 6	서울특별시 강남구 압구정로 ■■■ ■■■	21
신현■ (공유자)	711120-*******	594분의 5	서울특별시 서초구 잠원로 ■■■ ■■■■	16
심서■ (공유자)	570315-*******	594분의 5	서울특별시 종로구 병문3길 ■■ ■■	16
양용■ (공유자)	770830-*******	594분의 20	서울특별시 강남구 개포로109길 ■■■	16
양용■ (공유자)	770830-*******	594분의 6	서울특별시 강남구 개포로109길 ■■■	21

공유자우선매수

내심 공유자우선매수 신청을 걱정했다. 결과는 공유자우선매수는 없었다. 아마도 여러 지분권자들이 있었기에 아무도 입찰하지 않은 것 같다. 그러나 예전에 단체로 입찰했기에 실제로는 서류 같이 많지는 않았다.

2012 타경 5696 (강제)	물번2 [배당종결] ✔	매각기일 : 2012-10-22 10:00~ (월)		경매5계 031-650-█████
소재지	(█████) 경기도 평택시 청북면 삼계리 61█-1 외4필지			
용도	전	채권자	█████농업협동조합	감정가	500,540,700원
지분토지	1701.67㎡ (514.75평)	채무자	김희█	최저가	(64%) 320,346,000원
건물면적		소유자	김희█ 外	보증금	(10%) 32,035,000원
제시외		매각대상	토지지분매각	청구금액	490,000,000원
입찰방법	기일입찰	배당종기일	2012-06-15	개시결정	2012-04-12

기일현황

회차	매각기일	최저매각금액	결과
신건	2012-08-06	500,540,700원	유찰
2차	2012-09-10	400,433,000원	유찰
3차	2012-10-22	320,346,000원	매각

김광█ 外23인/입찰1명/낙찰 328,000,100원
(66%)

2012-10-29 매각결정기일 허가
2012-11-29 기한후납부
배당종결된 사건입니다.

토지	건물	제시외건물(포함)	제시외건물(제외)	기타(기계기구)	합계
500,540,700원	x	x	x	x	500,540,700원
비고	일괄매각, 농지취득자격증명 필요.				

토지현황 🔍 토지이용계획/공시지가 🔍 부동산정보 통합열람

	지번	지목	토지이용계획	비교표준지가	(지분)면적	단가(㎡당)	감정가격	비고
1	삼계리 61█-1	전	계획관리지역	235,000원	402㎡ (121.6평)	300,000원	120,600,000원	1206면적중 김희█ 지분 402전부
2	삼계리 61█	전	계획관리지역	235,000원	346.67㎡ (104.87평)	300,000원	104,001,000원	1040면적중 김희█ 지분 346.67전부
3	삼계리 산2█-4	임야	계획관리지역	235,000원	110.67㎡ (33.48평)	210,000원	23,240,700원	332면적중 김희█ 지분 110.67전부
4	삼계리 산2█-34	임야	계획관리지역	235,000원	753.33㎡ (227.88평)	300,000원	225,999,000원	2260면적중 김희█ 지분 753.33전부
5	삼계리 산2█-43	임야	계획관리지역	235,000원	89㎡ (26.92평)	300,000원	26,700,000원	267면적중 김희█ 지분 89전부

민성○ 지분과 민철○ 지분

[토지] 경기도 평택시 청북면 삼계리 61○-1 전 1206㎡

1. 소유지분현황 (갑구)

등기명의인	(주민)등록번호	최종지분
김희■ (공유자)	620201-2******	9분의 3
민선■ (공유자)	961110-1******	9분의 2
민철■ (공유자)	910503-1******	9분의 2
민태■ (공유자)	880831-1******	9분의 2

61○-1의 지분 2차 경매

2013 타경 2243 (강제)	물번2 [배당종결] ∨	매각기일 : 2014-05-19 10:00~ (월)	경매4계 031-650-■■

소재지	(■■ 경기도 평택시 청북면 삼계리 산2■-34 외2필지		
용도	임야	채권자	이상■	감정가	300,399,000원
지분토지	1001.33㎡ (302.9평)	채무자	민태■	최저가	(36%) 107,663,000원
건물면적		소유자	민태■ 外	보증금	(10%) 10,767,000원
제시외		매각대상	토지지분매각	청구금액	135,884,265원
입찰방법	기일입찰	배당종기일	2013-05-06	개시결정	2013-02-08

기일현황 ▼간략보기

회차	매각기일	최저매각금액	결과
신건	2013-12-30	300,399,000원	유찰
2차	2014-02-03	240,319,000원	유찰
3차	2014-03-10	192,255,000원	유찰
4차	2014-04-14	153,804,000원	유찰
5차	2014-05-19	107,663,000원	매각
	낙찰107,663,100원(36%)		
	2014-05-26	매각결정기일	허가
	2014-07-04	대금지급기한 납부 (2014.06.26)	납부
	2014-07-30	배당기일	완료
	배당종결된 사건입니다.		

감정평가현황 ■ ■■감정 , 가격시점 : 2013-02-20   🔲 감정평가서

토지	건물	제시외건물(포함)	제시외건물(제외)	기타(기계기구)	합계
300,399,000원	x	x	x	x	300,399,000원

비고 일괄매각. 지분매각.

토지현황   🔲 토지이용계획/공시지가 🔲 부동산정보 통합열람

	지번	지목	토지이용계획	비교표준지가	(지분)면적	단가(㎡당)	감정가격	비고
1	삼계리 산2■-34	임야	계획관리지역	61,000원	502.22㎡ (151.92평)	300,000원	150,666,000원	2260면적중 민태■지분 502.22전부
2	삼계리 61■-1	전	계획관리지역	79,000원	268㎡ (81.07평)	300,000원	80,400,000원	1206면적중 민태■지분 268.00전부
3	삼계리 61■	전	계획관리지역	79,000원	231.11㎡ (69.91평)	300,000원	69,333,000원	1040면적중 민태■지분 231.11전부

기타 | 삼계초등학교 북서측 근거리에 위치 / 주변은 소규모공장, 농경지,임야 등이 혼재하는 농촌지대로서 주위환경은 보통임 / 본건 까지 차량출입 무난하며 인근에 노선버스 정류장이 있어 대중교통사정은 보통임 / 부정형 토지의 북동하향 완경사지에 일부토지는 평탄하게 조성된 건축신고를 필한 나지 / 기호1,3)남서측으로 비포장 세로와 접함 기호2)북서측으로 아스팔트 포장된 지방도와 접 하며, 도로상태는 무난함

2차 지분권자들(민선○, 민철○, 민태○) 1차 김희○ 지분만 21명이 공동 낙찰 외 총 41명 내용생략		
민선▪ (공유자)	961110-1******	594분의 132
민철▪ (공유자)	910503-1******	594분의 132
민태▪ (공유자)	880831-1******	594분의 132

공유물 분할 청구의 소

청 구 취 지

1. 경기도 평택시 청북읍 삼계리 ▦▦▪ 전 1206㎡를 경매에 붙이고 그 대금에서 경매비용을 공제한 나머지 금액을 각 원고에게 594분의 264, 피고 고윤▪에게 594분의 6, 피고 김가▪에게 594분의 6, 피고 김광▪에게 594분의 5, 피고 김균▪에게 594분의 5, 피고 김기▪에게 594분의 10, 피고 김동▪에게 594분의 6, 피고 김미▪에게 594분의 6, 피고 김성▪에게 594분의 6, 피고 김영▪에게 594분의 6, 피고 김용▪에게 594분의 16, 피고 김은▪에게 594분의 10, 피고 김은▪에게 594분의 6, 피고 김정▪에게 594분의 6, 피고 김종▪에게 594분의 16, 피고 나석▪에게 594분의 10, 피고 박수▪에게 594분의 6, 피고 박옥▪에게 594분의 16, 피고 박정▪에게 594분의 20, 피고 박현▪에게 594분의 6, 피고 신현▪에게 594분의 5, 피고 심서▪에게 594분의 5, 피고 양응▪에게 594분의 26, 피고 오성▪에게 594분의 3, 피고 유문▪에게 594분의 5, 피고 유인▪에게 594분의 6, 피고 이상▪에게 594분의 4, 피고 이승▪에게 594분의 6, 피고 이재▪에게 594분의 11, 피고 이재▪에게 594분의 5, 피고 이태▪에게 594분의 20, 피고 이효▪에게 594분의 3, 피고 임지▪에게 594분의 6, 피고 장명▪에게 594분의 10, 피고 정은▪에게 594분의 3, 피고 조광▪에게 594분의 6, 피고 조용▪에게 594분의 11, 피고 조은▪에게 594분의 5, 피고 최기▪에게 594분의 10, 피고 최애▪에게 594분의 6, 피고 한명▪에게 594분의 6 지분에 따라 각 분배하라.
2. 소송비용은 피고들이 부담한다.

라는 판결을 구합니다.

2. 분할의 필요성 및 그 방법

이사건 토지는 위와 같이 총 41인의 공동소유로 되어있어 원고와 피고들 모두가 재산권행사에 많은 제약을 받고 있는 바, 각 공유지분에 따라 분할을 할 필요가 있습니다.

이사건 토지는 위와 같이 41인이 공유하고 있어 현물로 분할하는 것은 거의 불가능하다 할 것이므로, 경매에 붙여 그 대금에서 경매비용을 차감한 나머지 금전을 가지고 각 공유자의 지분에 따라 현금으로 분할하는 것이 가장 적절한 방법입니다.

3. 결어

위와 같은 사유로 원고는 이사건 토지에 관하여 피고들과의 공유관계를 청산하고자 청구취지와 같은 형태의 공유물 분할 판결을 구하기에 이른 것입니다.

입 증 방 법

1. 갑 제1호증   부동산등기사항증명서
1. 갑 제2호증   토지대장

고 조윤█가 330분의 11, 피고 조은█이 330분의 5, 피고 최기█가 330분
의 10, 피고 최애█가 330분의 6, 피고 한명█이 330분의 6의 각 지분으로
공유하는 것으로 분할한다.

2. 소송비용은 피고들이 부담한다.

라는 판결을 구합니다.

첨부서류

1. 지적도등본   1통

2017. 7.   .

위 원고 김기█

수원지방법원 평택지원   귀중

1,2차 낙찰 받은 지분권자들이 변호사를 선임해서

낙찰 받고 바로 매각분할을 신청하자 예상대로 1, 2차 낙찰 받은 지분권자들이 변호사를 선임해 답변서를 제출했다. 내용은 현물분할이 원칙이니 현물분할을 하자는 내용이었다. 2명 지분이지만 264/594이기에 약 162평으로 현물분할해도 가격으로는 전혀 문제가 없기에 현물분할을 하는 것에는 동의했다.

답변서

답 변 서

사   건   2016가단 ■■■ 공유물분할

원   고   김기▩

피   고   고윤▩ 외 39명

위 사건에 관하여 피고들의 소송대리인은 아래와 같이 답변합니다.

청구취지에 대한 답변

1. 원고의 청구를 기각한다.
2. 소송비용은 원고가 부담한다.
라는 판결을 구합니다.

청구원인에 대한 답변

1. 원고의 주장

이 사건 토지는 원고와 피고들의 공유관계에 있는데 원고와 피고들 모두 재산권 행사에 많은 제약을 받고 있기에 각 공유지분에 따라 경매분할 원한다고 주장하고 있습니다.

2. 공유물분할에 대한 피고들의 입장

가. 공유물분할청구

이 사건 토지의 공유자인 원고는 자유롭게 공유물분할청구를 할 수 있으나 원고의 주장과 같이 재산권행사에 많은 제약을 받고 있는 것은 아닙니다.

나. 분할의 방법으로서 원칙인 현물분할

공유물 분할방법 중 현물분할이 원칙이라는 것이 민법 제269조와 판례의 태도이므로 현물분할이 타당합니다.

더욱이 재산권행사를 하지 못해 공유물분할을 한다면서 경매분할을 원한다는 것은 모순적인 주장이라고 보입니다.

3. 결 론

이 사건 토지를 원고의 청구와 같이 경매분할의 방법으로 분할하는 것은 적절치 않고 현물분할의 방법에 따라 분할함이 타당합니다.

청구취지변경 신청서

사　　건　　2016 가단 ▦▦ 공유물분할

원　　고　　김기▆

피　　고　　고윤▆ 외 39

위 사건과 관련하여 피고들이 현물분할을 원하고 있으므로 원고는 다음과
같이 청구취지를 변경신청합니다.

변경후 청구취지

1. 경기도 평택시 청북읍 삼계리 ▦▦ 전 1206㎡에 관하여, 별지 지적도 등
본 표시 1, 2, 3, 4, 5, 1 의 각점을 순차로 연결한 선내 (가)부분 536㎡는
원고의 단독소유로, 4, 5, 6, 7, 4 의 각점을 순차로 연결한 선내 (나)부분
670㎡는 피고 고윤▆가 330분의 6, 피고 김가▆이 330분의 6, 피고 김광▆
이 330분의 5, 피고 김균▆가 330분의 5, 피고 김기▆이 330분의 10, 피고
김동▆이 330분의 6, 피고 김미▆이 330분의 6, 피고 김성▆가 330분의 6,
피고 김영▆이 330분의 6, 피고 김용▆이 330분의 16, 피고 김은▆이 330
분의 10, 피고 김은▆이 330분의 6, 피고 김정▆가 330분의 6, 피고 김종
▆이 330분의 16, 피고 나석▆이 330분의 10, 피고 박수▆이 330분의 6,
피고 박옥▆가 330분의 16, 피고 박정▆이 330분의 20, 피고 박현▆이 330
분의 6, 피고 신현▆가 330분의 5, 피고 심서▆가 330분의 5, 피고 양용▆
이 330분의 26, 피고 오성▆가 330분의 3, 피고 유문▆가 330분의 5, 피고
유인▆가 330분의 6, 피고 이상▆이 330분의 4, 피고 이승▆이 330분의 6,
피고 이재▆이 330분의 11, 피고 이재▆이 330분의 5, 피고 이태▆가 330
분의 20, 피고 이효▆이 330분의 3, 피고 임지▆이 330분의 6, 피고 장명
▆가 330분의 10, 피고 청은▆이 330분의 3, 피고 조광▆이 330분의 6, 피

고 조윤█가 330분의 11, 피고 조은█이 330분의 5, 피고 최기█가 330분
의 10, 피고 최애█가 330분의 6, 피고 한명██이 330분의 6의 각 지분으로
공유하는 것으로 분할한다.

2. 소송비용은 피고들이 부담한다.

라는 판결을 구합니다.

첨부서류

1. 지적도등본   1통

2017. 7.   .

위 원고 김기█

수원지방법원 평택지원   귀중

어느 쪽에서 길의 코너를 소유할 것이냐

그러나 어느 쪽에서 길의 코너를 소유할 것이냐에 대한 줄다리기가 시작됐다. 상대편 측에서 자기들이 코너 쪽으로 소유하겠다고 해서 합의가 안 됐다. 상대편 지분권자들도 이미 투자한 지 오래됐으며, 원금 회수에 관한 요망이 있었는지 이번에는 합의가 안 되니 매각으로 분할하자고 요구사항이 변했다. 우리도 매각분할하는 것에 반대할 이유가 없어 동의하자 매각분할로 조정됐다. 그러나 현재도 평택의 토지는 계속 오르고 있어 서둘러서 매각할 필요가 없기에 아직 매각분할 경매 신청은 하지 않고 있다.

출처 : 다음지도 항공사진

소재지	경기도 평택시 청북읍 삼계리 일반					

지목	전 ⍰			면적	1,206 ㎡

개별공시지가
(㎡당) 137,400원 (2018/01)

지역지구등 지정여부	「국토의 계획 및 이용에 관한 법률」에 따른 지역·지구등	계획관리지역(2010.9.15)
	다른 법령 등에 따른 지역·지구등	가축사육제한구역(일부제한 500m 이내 - 일부 축종 제한)<가축분뇨의 관리 및 이용에 관한 법률> , 비행안전제3구역(전술)<군사기지 및 군사시설 보호법>

「토지이용규제 기본법 시행령」
제9조제4항 각 호에 해당되는 사항

확인도면

평택지원 2016가단▨▨ 공유물분할 2017.08.29 제출 원본과 상위 없음

준 비 서 면

사   건   2016가단▨▨ 공유물분할

원   고   김기▨

피   고   고윤▨ 외 39명

위 사건에 관하여 피고들의 소송대리인은 다음과 같이 변론을 준비합니다.

다   음

1. 현물분할에 따른 피고들의 분할 위치

가. 소유권 취득시기와 지분

피고들은 2012. 12. 6. 3/9 지분을, 2014. 6. 26. 2/9 지분을 취득하였습니다.

이에 반해 원고는 2016. 10. 4. 264/594의 지분을 취득하였습니다.

이 사건 토지에 대한 피고들의 공유지분 합계는 5/9로서 약 55.5% 정도이고,

원고의 공유지분은 264/594로서 약 44.4%입니다.

나. 원고의 소제기 시점

평택지원 2016가단■■■■ 공유물분할 2017.08.29 제출 원본과 상위 없음

원고는 소유권을 취득한 2016. 10. 4.부터 10일 경과한 2016. 10. 14.에 공유
물분할의 소를 제기하였는바, 이는 원고가 소장에 재산권 행사에 많은 제약이
있어 공유물분할을 신청한다고 적시한 내용이 사실이 아님을 알 수 있습니다.
결국 원고의 공유물분할의 소제기는 투기 목적으로 이루어진 것임을 알 수
있기에 현물분할을 함에 있어 원고가 희망하는 위치에 따라 분할이 이루어져
서는 안 됩니다.

다. 분할 위치

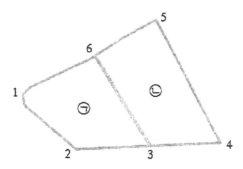

피고들은 위 도면과 같이 1, 2, 3, 6, 1의 각 점을 연결한 ㄱ부분을 피고들의
소유로, 3, 4, 5, 6, 3의 각 점을 연결한 ㄴ부분을 원고의 소유로 하는 형태로
분할하길 바랍니다.

수원지방법원 평택지원

화해권고결정

사 건	2016가단■■■ 공유물분할	
원 고	김기■ (740130-1■■■■■)	
	서울 강남구 압구정로 ■■■ ■■■■ ■■ ■■■ ■■■■■	
	송달장소 평택시 평남로 ■■■■ ■■■ ■■ ■■■ ■■■■■	
피 고	1. 고윤■	
	서울 성북구 화랑로 ■■■ ■■■ ■■■■■ ■■■	
	■■■ ■■■■■	
	2. 김가■	
	서울 강남구 봉은사로11길 ■■ ■■■■ ■ ■■■	
	송달장소 서울 마포구 녹막로 ■■■ ■■■ ■ ■■■■	
	■ ■ ■ ■■■■■	
	3. 김광■	
	광명시 성채로 ■■■ ■■■■■ ■■■ ■■■ ■■■■■	
	4. 김규■	
	화성시 병점4로 ■■■ (병점동)	
	5. 김기■	
	서울 서초구 신반포로 ■■■ ■■■■ ■■■■ (반포동,	
	■■■ ■ ■■■■■■	
	송달장소 서울 서초구 신반포로 ■■ ■■■ ■■■ (반포동,	
	■■■■■■■■■	
	6. 김농■	
	용인시 기흥구 동백7로 ■ ■■■■ ■■■ (동백동,	

인천 연수구 용담로 ■■ ■■ ■■ (청학동,
■■■■ ■ ■■■■)

35. 소광■
서울 강남구 선릉로69길 ■■ ■■■ ■■■ (역삼동,
■■■■ ■■■■■)

36. 조윤■
수원시 권선구 덕영대로1068번길 ■■ (세류동)

37. 조은■
부산 영도구 한결길 ■■■ (신선동1가)

38. 최가■
의왕시 까치골길 ■ ■■ ■■■(삼동, ■■■■■)

39. 최해■
안산시 상록구 시낭안길 ■■ (부곡동)

40. 한명■
서울 동작구 여의대방로22마길 ■■ ■■■ (신대방동)
피고늘 소송대리인 변호사 현창■

위 사건의 공평한 해결을 위하여 당사자의 이익, 원고가 2회에 걸쳐 변론기일에 불출
석한 상황을 고려할 때, 이 사건 소를 진행할 의사가 없어 보이는 점 및 그 밖의 모든
사정을 참작하여 다음과 같이 결정한다.

결정사항

1. 원고는 이 사건 소를 모두 취하하고, 피고들은 이를 모두 동의한다.
2. 소송비용은 각자 부담한다.

청구의 표시

194   이것이 진짜 실수한 부동산 투자다

첨부파일 소장의 청구취지와 청구원인 각 기재와 같다.

2017. 6. 16.

판사 이 노

※ 이 결정서 정본을 송달받은 날부터 2주일 이내에 이의를 신청하지 아니하면 이 결
정은 재판상 화해와 같은 효력을 가지며, 재판상 화해는 확정판결과 동일한 효력이 있
습니다.

〈본관용,〉
6/21

화해권고결정에 대한 이의신청서

[담당재판부 : 민사4단독]

사　　　건　　2016 가단 ▉▉▉ 공유물분할
원　　　고　　김기▉
피　　　고　　고승 외59

이 사건에 관하여 신청인은 2017. 6. 21. 귀원으로부터 화해권고결정을 송달받았으나, 이에 대하여 이의를 신청합니다.

이의사유 : 2017. 6. 14. 단한차례 변론이 진시되었으나, 원고는 사정이 있어 불참하였을 뿐인데, 귀원에서 2회 불복로 오인을 하였습니다.

2017. 6.   .

이의신청인 원고　　김기▉　(날인 / 서명)

수원지방법원 평택지원 민사4단독　　귀중

◇ 유의사항 ◇

1. 결정을 송달받은 날로부터 2주 이내에 이의신청서류 제출하지 아니하면 이의신청이 각하될 수 있습니다(민사소송법 제226조제1항, 제230조제1항).
2. 연락처란에는 연제든지 연락 가능한 전화번호나 휴대전화번호을 기재하고, 그 밖에 팩스번호, 이메일 주소 등이 있으면 함께 기재하기 바랍니다.

수원지방법원 평택지원
조 정 조 서

사   건   2016가단█████   공유물분할

원   고   김기█ (740130-1███████)

　　　　　서울 강남구 압구정로 ████ ████ ████ (압구정동, ███████)

　　　　　원고 소송대리인 법무법인 ██ 담당변호사 박병█

피   고   1. 고윤█

　　　　　　서울 성북구 화랑로 ████ ████ (석관동, ███ ████

　　　　　　██ ███████)

　　　　　2. 김가██

　　　　　　서울 강남구 봉은사로11길 ██ ████ (논현동)

　　　　　3. 김광█

　　　　　　광명시 성채로 █ ████ ████ (소하동, █████████████)

　　　　　4. 김균█

　　　　　　화성시 병점4로 ████ (병점동)

　　　　　5. 김기█

　　　　　　서울 서초구 신반포로 ████ ████ (반포동, ██ ██████)

　　　　　6. 김동█

　　　　　　용인시 기흥구 동백7로 ████ ████ ██ (동백동, ████████

　　　　　　███)

　　　　　7. 김미█

　　　　　　서울 관악구 은천로39길 ███ ██ ████ (봉천동, ██ █████)

　　　　　8. 김성█

　　　　　　여주시 가남읍 양화로 107 , ████ ████ (████████)

　　　　　9. 김영█

　　　　　　서울 관악구 신림로3가길 ██ ████ ██ (신림동, ████████)

피고들 소송대리인 변호사 현창█   출석

다음과 같이 조정성립

조 정 조 항

1. 경기도 평택시 청북읍 삼계리 █ █ █ 전 1206㎡를 경매에 부쳐 그 대금에서 경매비
   용을 공제한 나머지 금액을 원고에게 594분의 264, 피고, 고윤█에게 594분의 6, 김
   가█에게 594분의 6, 김광█에게 594분의 5, 김균█에게 594분의 5, 김기█에게
   594분의 10, 김동█에게 594분의 6, 김미█에게 594분의 6, 김성█에게 594분의 6,
   김영█에게 594분의 6, 김용█에게 594분의 16, 김은█에게 594분의 10, 김은█에
   게 594분의 6, 김정█에게 594분의 6, 김종█에게 594분의 16, 나석█에게 594분의
   10, 박수█에게 594분의 6, 박옥█에게 594분의 16, 박정█에게 594분의 20, 박현█
   에게 594분의 6, 신현█에게 594분의 5, 심서█에게 594분의 5, 양웅█에게 594분
   의 26, 오성█에게 594분의 3, 유문█에게 594분의 5, 유인█에게 594분의 6, 이상
   █에게 594분의 4, 이승█에게 594분의 6, 이재█에게 594분의 11, 이재█에게 594
   분의 5, 이태█에게 594분의 20, 이효█에게 594분의 3, 임저█에게 594분의 6, 장
   명█에게 594분의 10, 정은█에게 594분의 3, 조광█에게 594분의 6, 조윤█에게
   594분의 11, 조은█에게 594분의 5, 최기█에게 594분의 10, 최애█에게 594분의 6,
   한명█에게 594분의 6의 비율로 각 분배한다.
2. 원고의 나머지 청구를 포기한다.
3. 소송비용 및 조정비용은 각자부담으로 한다.

청 구 의 표 시

청구취지 및 청구원인 : 별지와 같음

②

2016타경 9075
충청남도 서산시 부석면 강수리

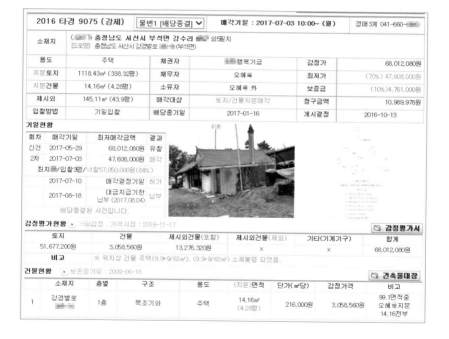

2016 타경 9075 (강제)		물번1 [배당종결] ∨		매각기일 : 2017-07-03 10:00~ (월)		경매 3계 041-660-
소재지	충청남도 서산시 부석면 강수리 외5필지 [도로명] 충청남도 서산시 강경별로 (부석면)					
용도	주택	채권자	행복기금	감정가	68,012,080원	
지분토지	1118.43㎡ (338.32평)	채무자	오혜	최저가	(70%) 47,608,000원	
지분건물	14.16㎡ (4.28평)	소유자	오혜 外	보증금	(10%) 4,761,000원	
제시외	145.11㎡ (43.9평)	매각대상	토지/건물지분매각	청구금액	10,969,978원	
입찰방법	기일입찰	배당종기일	2017-01-16	개시결정	2016-10-13	

기일현황

회차	매각기일	최저매각금액	결과
신건	2017-05-29	68,012,080원	유찰
2차	2017-07-03	47,608,000원	매각
최저/입찰3명/낙찰57,050,000원(84%)			
	2017-07-10	매각결정기일	허가
	2017-08-18	대금지급기한 납부 (2017.08.04)	납부
배당종결된 사건입니다.			

감정평가현황 ▶ 감정, 가격시점 : 2016-11-17

📄 감정평가서

토지	건물	제시외건물(포함)	제시외건물(제외)	기타(기계기구)	합계
51,677,200원	3,058,560원	13,276,320원	x	x	68,012,080원
비고	※ 위지상 건물 주택(9.9+9/63㎡), (9.9+9/63㎡) 소재불명 되었음.				

건물현황 ▶ 보존등기일 : 2009-06-18

🏢 건축물대장

	소재지	층별	구조	용도	(지분)면적	단가(㎡당)	감정가격	비고
1	강경별로	1층	목조기와	주택	14.16㎡ (4.28평)	216,000원	3,058,560원	99.1면적중 오혜 지분 14.16전부

사건 개요

경매로 진행되는 6개의 필지는 상속으로 10명이 공유지분으로 소유하고 있다. 그중 1필지에는 주택이 건축되어 있고, 채무자의 오빠 오영○이 거주하며 농사를 짓고 있다. 따라서 인삼밭과 주택이 건축된 농지와 대지의 오혜○(9/63)지분으로 감정가 68,012,080원에 시작된 것을 57,050,000원에 낙찰 받았다.

인삼을 경작하고 있으며 채무 관계도 1,000만 원 정도의 강제경매이기에 낙찰 후 오영○과 바로 협상이 가능하리라 생각했다. 그러나 협상이 안 됐고, 여러 사건이 벌어졌다.

소송을 하시든지 마음대로 하세요

낙찰 후 현재 지분권자를 대표해 오영○을 만나 협의 결과 "소송을 하시든지 마음대로 하세요"라는 대답을 들었다. 거주하는 오영○은 사건을 이해하지 못 하고, 무조건 적대적으로만 생각했기에 할 수 없이 건물철거 및 토지매각분할의 소송을 제기했다. 원고 소송 내용은 생략했으며 판사님의 석명준비 및 답변에 대한 것만 기재했다.

	지번	지목	토지이용계획	비교표준지가	(지분)면적	단가(㎡당)	감정가격	비고
1	강수리 ▮▮	답	농림지역	27,000원	334.29㎡ (101.12평)	52,000원	17,383,080원	현황 "주거용건부지" 2,340면적중 오혜▮지분 334.29전부
2	강수리 ▮▮	답	농림지역	13,000원	240.86㎡ (72.86평)	41,000원	9,875,260원	현황 "일부법면" 1,686면적중 오혜▮지분 240.86전부
3	강수리 ▮▮	전	농림지역	13,000원	41.14㎡ (12.44평)	41,000원	1,686,740원	현황 "일부도로" 288면적중 오혜▮지분 41.14전부
4	강수리 ▮▮	전	농림지역 계획관리지역	13,000원	311.29㎡ (94.16평)	41,000원	12,762,890원	현황 "일부법면" 2,179면적중 오혜▮지분 311.29전부
5	강수리 ▮▮	전	농림지역	13,000원	64.71㎡ (19.57평)	41,000원	2,653,110원	453면적중 오혜▮지분 64.71전부
6	강수리 ▮▮	대지	농림지역 계획관리지역	28,000원	126.14㎡ (38.16평)	58,000원	7,316,120원	883면적중 오혜▮지분 126.14전부

주요 등기사항 요약 (참고용)

[주 의 사 항]
본 주요 등기사항 요약은 증명서상에 말소되지 않은 사항을 간략히 요약한 것으로 증명서로서의 기능을 제공하지 않습니다.
실제 권리사항 파악을 위해서는 발급된 증명서를 필히 확인하시기 바랍니다.

[건물] 충청남도 서산시 부석면 강수리 ▮▮

고유번호 1614-2009-▮▮▮▮

1. 소유지분현황 (갑구)

등기명의인	(주민)등록번호	최종지분	주 소	순위번호
박▮▮ (공유자)	500427-*******	63분의 3	충청남도 서산시 예읍동 ▮▮▮▮▮▮	1
오대▮ (공유자)	770213-*******	63분의 2	충청남도 서산시 예읍동 ▮▮▮▮▮▮	1
오영▮ (공유자)	520506-*******	63분의 9	경기도 광주시 초월읍 도평리 ▮▮▮▮	1
오용▮ (공유자)	500301-*******	63분의 9	충청남도 서산시 죽성동 ▮▮▮▮	1
오음▮ (공유자)	610315-*******	63분의 9	충청남도 서산시 부석면 강수리 ▮▮	1
오윤▮ (공유자)	550710-*******	63분의 9	경기도 성남시 수정구 수진동 ▮▮▮	1
오은▮ (공유자)	590315-*******	63분의 9	충청남도 서산시 부석면 취평리 ▮▮▮	1
오진▮ (공유자)	800101-*******	63분의 2	경기도 성남시 분당구 야탑동 ▮▮▮▮	1
오진▮ (공유자)	750502-*******	63분의 2	경기도 광명시 하안동 ▮▮▮▮	1
오혜▮ (공유자)	641201-*******	63분의 9	충청남도 서산시 부석면 강수리 ▮▮	1

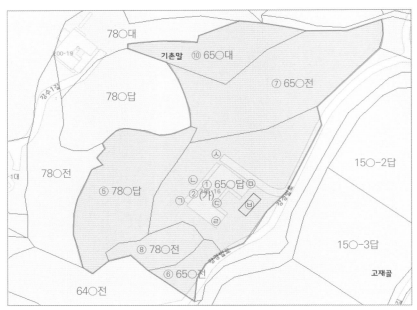

경매로 진행되는 6필지의 오혜○ 지분 9/63

출처 : 스마트국토정보 지적항공지도

6필지 중 주택이 위치한 필지의 항공사진

출처 : 다음지도 항공사진

무허가 건축물의 주택 전경

5필지의 인삼밭 전경

원고와 피고에게 석명준비명령서 발급

지분권자들 중에 누구도 답변이 없자 서산지원에서 원고와 피고에게 석명준비명령서가 발급됐다. 이러한 분할매각을 수십 번 집행해보았지만 석명준비명령서는 처음이었다. 하지만 그렇다고 어려운 일도 아니고, 해보니 원고와 피고 모두의 생각을 빠른 시일에 재판부에 전달할 수 있다는 것을 알았다.

원고에게는 1. 현물분할이 원칙이나 현물분할이 불가능한 경우 매각분할이 가능하므로 현물분할이 불가능한 것에 대한 입증요구이며, 2. 건물이 소재한 지번을 명시하고 차임을 원한다면 차임에 대한 감정신청을 하라는 석명이었다.

피고들에게는 1. 원고의 지분을 매수할 의사의 표시이고, 2. 현재 사용하고 있는 건물의 소유자와 이용 상태 등의 설명이다.

대전지방법원 서산지원

석명준비명령

등본입니다.

2018. 2. 5.

법원주사 이대■

사　　　건　　　2017가단■■■■ 공유물분할 등
　　　　　　　　　[원고 최지■■ / 피고 오용■■ 외 8]

원고 최지■(송달영수인 : 법무사 유종■) (귀하)
피고1 오용■ (귀하)
피고2 오영■ (귀하)
피고3 오용■ (귀하)
피고4 오은■ (귀희)
피고5 오용■ (귀하)
피고6 박화■ (귀하)
피고7 오진■ (귀하)
피고8 오대■ (귀하)
피고9 오진■ (귀하)

소송관계를 분명하게 하기 위하여 다음 사항에 대한 보완을 명합니다. 이에 대한 답변을 적은 준비서면과 필요한 증거를 제출기한까지 제출하시기 바랍니다.
이 명령에 따르지 아니하는 경우에는 주장이나 증거신청이 각하되는 등 불이익을 받을 수 있습니다(민사소송법 제149조 제2항 참조). 제출기한 : 2018. 2. 21.

석명준비사항

당사자들 사이에 공유물 분할에 관한 협의가 이루어지지 않아 공유물 분할 소송이 제기된 경우, 법원은 적정한 방법으로 공유물을 분할하여야 하므로 원고의 청구를 기각할 수 없습니다. 당사자 사이에 조정, 화해가 이루어지지 아니하는 경우에는 판결로서 원칙적으로 현물분할이 되고, 예외적으로 경매로 매각한 후 지분 비율에 따라 대금을

분할합니다.

[원고 석명사항]

1. 원고는 이 사건 부동산들은 대금분할할 것을 청구하고 있으나 현물분할이 원칙이고, 현물분할이 불가능할 경우에만 대금분할이 가능합니다. 원고는 이 사건 부동산들의 현물분할이 불가능한 사정에 대해 주장·입증하십시오.

2. 원고는 이 사건 부동산 지상에 무허가, 미등기 건물이 다수 존재하고 있어 그 건물들을 철거하고, 차임 상당의 부당이득을 반환할 것을 청구하고 있습니다. 원고가 철거를 구하는 건물들이 소재하는 토지 지번을 특정하여 청구취지를 정정하고, 부당이득반환청구를 유지할 의사라면 차임에 대한 감정신청을 하십시오.

[피고들 석명사항]

1. 피고들은 소장을 송달받고도 아무런 답변을 하지 않았습니다. 피고들이 바라는 공유물분할의 방법을 밝히시고, 원고의 지분을 매수할 의사가 있는지 여부도 밝히십시오.

2. 원고는 피고들에게 이 사건 부동산 지상 미등기, 무허가 건물의 철거를 구하고 있습니다. 위 건물들을 신축한 시기와 건물의 소유자, 현재의 이용상태 등에 대하여 밝혀주십시오.

2018. 1. 31.

판사 장 재 ▨▨

송문의사항 연락처 : 대전지방법원 서산지원   민사 1단독 법원주사 이대▨▨
직 통 전 화 : (041)660-▨▨▨
팩   스 : (041)660-▨▨▨   ▨▨▨▨@scourt.go.kr

2018-0111877002-64B46 　　　　　　　　　　　　　　　　　　　2/2

오영○이 원고의 지분을 매입하든지

피고도 석명준비명령서를 받고 답변서를 제출했다. 내용은 서류로는 10명이 소유하고 있으나 실제적으로는 오영○이 독자적으로 사용하고 있기에 지료는 오영○이 부담해야 한다는 주장이었다. 그동안 공유자들은 한 번도 지분권을 행사하지 못 했다는 점을 강조하며, 결론은 매각분할에 동의한다는 것이다.

풀어서 설명하자면 지분권자들의 생각은 오영○이 혼자 다 사용하고 있으니 오영○이 원고의 지분을 매입하든지 하고, 다른 지분권자들은 오영○이 사용하는 토지에 금전을 더 투입할 필요가 없으니 결정은 오영○이 알아서 하라는 결론이다. 만약 오영○이 원고의 지분을 매입하지 않아도 매각분할해서 다른 지분권자들은 경제적으로 이익이 되는 상황인 것이다.

공유물분할 등 청구의 소

사건번호: 2017가단████
사건명: 공유물분할 등 청구의 소

원고: 최지█(720216-███████)
경기도 광명시 하안로 ██ ███ ████(하안동, ████████)

피고5: 오용█(610315-███████)
수원시 권선구 구운로47번길 █(구운동. ██████ ██ █.)████ ████

공유물분할 청구의 소

청구취지에 대한 답변서

1. 별지목록기재 부동산을 경매에 붙이고 그 대금에서 경매 배용을 공제한 나머지 금액을 각 원고에게 63분의 9, 피고 오용█에게 63분의 9, 동 오영█에게 63분의 9, 동 오용█에게 63분의 9, 동 오은█에게 63분의 9, 동 오용█에게 63분의 9, 동 박화█에게 63분의 3, 동 오진█에게 63분의 2, 동 오대█에게 63분의 2, 동 오진█에게 63분의 2 지분에 따라 각 분배하라.

2. 피고들은 연대하여 원고에게
 가. 별지 1 도면표시 1, 2, 5, 6, 1의 각점을 순차로 연결한 선내 ....위 1항 토지를 인도하고

 나. 2017. 8. 4.부터 토지인도 완료일까지 연 금10,000,000원을 지급하라

3. 소송비용은 원고의 부담으로 한다라는 판결을 구합니다.

4. 제2항에 대한 원고는 피고5 오용█에게 가집행 할 수 없다 라는 판결을 구합니다.

청구원인

1. 토지의 공유관계

원고가 2017. 8. 4. 강제 경매로 인한 매각을 원인으로 63분의 9, 2009. 5. 29. 상속을 원인으로 피고 오용█에게 63분의 9, 동 오영█에게 63분의 9, 동 오용█에게 63분의 9, 동 오은█에게 63분의 9, 동 오용█에게 63분의 9, 동 박화█에게 63분의 3, 동 오진█에게 63분의 2, 동 오대█에게 63분의 2, 동 오진█에게 63분의 2를 각 취득하여 공유하고 있습니다.

2. 분할의 필요성 및 그 방법

이 사건 부동산은 위와 같이 각 10인의 공동 소유로 되어 있어 원고와 피고들에 모두가 재산권행사에 많은 제약을 받고 있는 바, 각 공유지분에 따라 분할을 할 필요가 있습니다. 현물로 분할하는 것은 거의 불가능하다 할 것이므로 경매에 붙여 그 대금에서 경매비용을 차감한 나머지 금전을 가지고 각 공유자의 지분에 따라 현금으로 분할하는 것이 가장 적절한 방법입니다.

3. 건물의 소유 및 토지소유권의 침해

이사건 부동산 지상에는 피고들 공동소유인 건물 및 다수의 미등기 무허가건물(이하 "이사건 건물"이라함) 이 존재합니다.(갑제1호증의 2 등기사항전부증명서. 갑제3호증 토지 및 건물 감정평가 명세표, 갑제4호증 건물 소유권(공유지분)을 침해하고 있다 할 것이므로 원고에게 이사건 건물을 철거하고 이사건 부동산을 인도할 의무가 있습니다.

4. 지료 상당의 부당이득 청구

피고들은 공동하여 이사건 건물을 소유하면서, 이사건 부동산을 이용하고 있으므로 원고가 소유지분을 취득한 2017. 8. 4.부터 이사건 건물의 철거 및 이사건 부동산의 인도완료일까지 지료상당의 부당이득을 하고 있다 할 것이므로 원고는 경매평가금액(갑제5호증 감정평가서)인 원고의 지분에 해당하는 금100,852,423원의 약10%에 해당하는 연 금10,000,000원을 청구합니다. 소송 진행결과에 따라 추후 감정평가를 통하여 지료상당 부당이득액에 대하여는 청구취지를 변경하도록 하겠습니다.

피고5. 오용■에 답변서

원고가 2017. 8. 4. 강제 경매로 인한 매각을 원인으로 63분의 9.에 대해. 2017. 8. 4.부터 토지인도 완료일까지 피고들에게 연 금10,000,000원을 지급하라 청구에 대하여. 원고의 지분에 대한 어떠한 부당이득도 취한 바 없으므로 피고5. 오용■에게 배상청구를 할 수 없습니다.

원고가 주장하는 분할의 필요성 및 그 방법에 대해서는 부동산이 10인으로 되어 있어 원고 피고 모두가 재산권행사에 많은 제약을 받고 있다는 내용에 대해서는 각 공유지분에 따라 분할이 필요합니다. 하지만 현 건물에 대한 철거에 대한 필요성은 없다고 판단됩니다. 현 건물은 50년이상 부모와 가족들이 생활했던 공간으로 강제경매 시 건물과 함께 경매 처분하는 것이 원고와 피고 모두에게 이득이 된다고 생각합니다.

판사님
가족간의 치부를 들어내는 일이라 이런 말씀까지 드리긴 부끄럽지만 공동재산권에 대해 권리행사를 하지 못하는 가족과 원고의 입장을 생각해서 그동안의 일들을 말씀드립니다.

피고1. 오용█이 공동소유 재산에 대해 2009. 5. 29. 상속이후 가족의 합의 없이 집을 수리하여 현 거주지로 이사하고 2018. 6. 현재까지 공동소유 부동산 이득에 대해 상의 없이 일방적적으로 권리행사 및 이득을 취했습니다.
그로 인해 가족간의 갈등과 분열이 생겼습니다.

공동재산에 대해 10여년 동안 재산권 행사는 전혀 취하지 못하고 가족행사(설.추석.제사등)에 참여하였고, 2009년 상속 후 가족회의에서 각 5만원씩 모아 가족행사 비용을 부담하기로 했으나, 불참하는 가족이 생겨나면서 조상제사 모시는 비용에 대해 년3회 9년간 (270만원 이상) 피고1. 오용█에게 지불했습니다.

원고가 요구하는 2017. 8. 4.부터 토지인도 완료일까지 연 금10,000,000원은 공동소유부동산에 이득에 대해 합의 없이 단독으로 취득한 피고1. 오용█에게 배상청구하는 것이 마땅하다고 봅니다.

하지만, 원고가 주장하는 2017. 8. 4.부터 토지인도 완료일까지 연 금10,000,000원은 금액이 과한 듯합니다. 조정 선처해주시기 부탁드립니다.

주소변경신청서도 함께 제출합니다.

공유물분할 등 청구의 소

사건 2017가단■■■ 공유물분할등
원고 최지■■
피고 오용■ 외8명

위사건관련 최종협의 서면입니다

작성자는 피고 오대■ 이며
피고 박화■ (어머님)
피고 오진■ (누나)
피고 오진■ (동생 현재 뉴질랜드 거주)
위 3명 과 협의하여 작성하였습니다

사건개요
청부로 부동산표시 에 있는 땅은 피고 오대■ 의 할머님 소유였습니다
할머님께서 사망하시고 자동으로 상속되어 지분을 소유 하던중 할머니의 자녀
오혜■의 사정으로 일부 지분이 경매처분되어 현재사건으로 진행되었습니다.
오대■ 외3명은 위사건으로 엄청난 정신적 스트레스을 시달렸습니다
그리하여 최종 협의한바 오대■ 외3명은 본 사건과 관련된 부분을 전량 처분하여 현금분할을
요청 합니다
(피고 오진■은 현재 외국에 거주하여 피고 오대■에게 위임하여 작성 되었습니다)

• 부동산의 표시
1. 부석면 강수리 ■■ 답
2. 동   소   ■ 목조 기와지붕 1층주택
3. 동   소   ■ 답
4. 동   소   ■ 전
5. 동   소   ■ 전
6. 동   소   ■ 전
7. 동   소   ■■ 대

피고   박화■

피고   오진■

피고   오대■

피고   오진■

• 인감증명서 피고 오진■을 제외한 3부

접수

결국 청구취지 및 청구원인변경을 신청했다

원고도 석명준비에 의해 낙찰자의 권리분석 결과, 건물도 감정에 포함되어 건축물을 허무라는 것은 잘못된 요구이며, 다만 건축물의 지분만큼은 지료를 받을 수 있지만, 금액이 미미하고 지료감정으로 인한 경제적 손실과 시간의 낭비로 포기하기로 했다.

토지에 대해 매각분할만 유지하기로 하고, 결국 청구취지 및 청구원인변경을 신청했다. 결국 방향은 협의해 원고의 지분을 매도하게 될지, 아니면 건물과 토지 전체를 매각분할하게 될지는 오영○의 결심에 의해 결정하게 되며, 오영○이 원고의 지분을 매입하지 않는다면 재판부에서는 전체를 매각해 분할하라는 조정결정을 하게 된다.

결국 전체를 팔아서 현금으로 분할하라는 판결문에 의해 경매가 진행됐다. 현재 농림지역의 토지에 인삼을 기르고 있어 누가 낙찰을 받더라도 인삼 농사가 끝날 때까지 기다릴 수밖에 없으며, 경매 가격은 계속 떨어져서 원금의 보전조차 어렵게 된 것이다.

가족들과도 협조가 안 되는 사람의 토지를 매입하게 된 것도 실수이며, 최악의 경우 현금 분할의 경우라도 최소 수익이 보장되어야 하나, 농림지역이라는 것과 인삼 농사가 문제가 된 것이다.

청구취지 및 청구원인 변경 신청서

사　　건　　2017 가단 ■■ 공유물분할 등

원　　고　　최지■

피　　고　　오용■ 외 8

위 사건과 관련하여 원고는 귀원의 보정명령에 따라 다음과 같이 청구취지를 정정 신청합니다.

변경후 청구취지

1. 별지목록 기재 부동산을 경매에 붙이고 그 대금에서 경매비용을 공제한 나머지 금액을 각 원고에게 63분의 9, 피고 오용■에게 63분의 9, 피고 오영■에게 63분의 9, 피고 오용■에게 63분의 9, 피고 오은■에게 63분의 9, 피고 오용■에게 63분의 9, 피고 박화■에게 63분의 3, 피고 오진■에게 63분의 2, 피고 오대■에게 63분의 2, 피고 오진■에게 63분의 2 지분에 따라 분배하라.

2. 피고들은 각자 원고에게 2017. 8. 4.부터 위 부동산의 공유물분할 또는 원고의 소유권 상실일까지 연 금5,000,000원을 지급하라.

3. 소송비용은 피고들이 부담한다.

4. 제2항은 가집행 할 수 있다.

라는 판결을 구합니다.

청구원인

1. 건물철거청구의 일부취하

원고가 경매 감정평가서(갑제5호증)를 면밀히 검토한 바, 최초 소장의 청구취지에서 철거를 구한 제시외 무허가 건물에 대하여도 감정평가가 이루어졌고, 제시외 건물을 포함하여 경매가 진행되었으므로 등기는 되어 있지 아니하나 제시외 건물에 대하여도 동일한 지분을 원고가 경매를 통하여 취득하였으므로 철거청구 부분은 일부 취하하고 위와 같이 청구취지를 변경합니다.
또한 별지목록 부동산표시에 제시 외 건물을 표기하였습니다.

2. 지료상당 부당이득금 청구에 관하여

피고들이 이사건 공유부동산 전부(제시외건물포함)를 배타적으로 사용하고 있으므로, 원고 지분에 대한 경매 평가금액인 금100,852,432원의 약 5%에 해당하는 연 금5,000,000원으로 청구취지를 변경합니다.
소제기 시 피고들의 입장표명에 따라 지료상당액에 대하여 변경을 예정하고 있었고, 감정평가를 하더라도 통상 부동산가액의 5% 정도를 임료로 산정하고 있으므로 위와 같이 감액합니다.

3. 현물분할에 관하여

원고는 이사건 부동산을 경매를 통하여 취득한 이후에 피고들과 만나서 원만한 해결방안을 협의하려 하였으나, 이사건 건물에 거주하고 있는 피고 오용■ 한사람만 만날 수 있었으며, 피고 오용■은 원고와 협상할 의사가 없고 소송을 하던지 마음대로 하라고 하였으므로 이사건 소제기에 이른 것입니다. 따라서 이사건에서 피고들이 원하는 분할방법이 무엇인지, 피고들은 상속인들로서 한 가족이므로 원고의 지분을 매수할 의사가 있는지 등 석명을 통하여, 조정에 회부하는 등 원만한 해결방안을 모색해 주시기 바랍니다.

지금처럼 원고의 임의협상 노력에 대하여 전혀 응하지 아니하고, 이사건 소장을 수령하고도 아무런 답변도 하지 않고 있는 상황이 계속된다면 이 또한 현물분할이 불가능한 사유에 해당할 것이어서 부득이 경매를 통하여 대금을 분할해야 할 것입니다.

4. 지료상당액 감정평가와 관련하여

위와 같이 원고도 피고들과 협의하여 적절한 방법으로 공유물을 분할하고자 하는 바, 처음부터 지료상당액에 대하여 감정평가를 실시하는 것은 고액의 비용이 들어가므로 소송경제 상 적절하지 않다고 사료됩니다.

따라서 원고는 우선 피고들의 입장을 들어보고 조정까지 불발될 경우에 지료상당액의 감정을 신청하겠습니다.

5. 기존 청구원인의 원용

위 변경된 청구원인 이외 나머지는 처음 소장에 기재한 청구원인을 그대로 원용합니다.

6. 결어

원고도 이 사건을 통하여 피고들과 대화하고 가장 합리적인 방법으로 공유
물을 분할하기를 원하므로 조정을 시도하여 주시기 바랍니다.

첨부서류

1. 별지 부동산목록
1. 청구취지 정정신청서 부본   9통

2018. 2.   .

위 원고   처지 ■

대전지방법원 서산지원   귀중

대전지방법원 서산지원

판　　　결

사　　　건	2017가단▒▒▒ 공유물분할 등	
원　　　고	최지▒	
	광명시 하안로 ▒▒ ▒▒▒ ▒▒▒▒(하안동, ▒▒▒▒ ▒▒)	
	송달장소 평택시 평남로 ▒▒▒ ▒▒(동삭동, ▒▒▒▒▒▒)	
피　　　고	1. 오용▒	
	서산시 부석면 강경벌로 ▒▒▒ ▒▒ (강수리)	
	2. 오영▒	
	인천 서구 서곶로255번길 ▒▒▒ ▒▒▒(심곡동, ▒▒▒▒▒)	
	3. 오용▒	
	성남시 수정구 성남대로1271번길 ▒▒▒ ▒▒▒(태평동)	
	4. 오은▒	
	서산시 부석면 취평리 ▒▒ ▒	
	5. 오용▒	
	수원시 권선구 구운로47번길 ▒▒ ▒▒▒. (구운동, ▒▒▒ ▒▒▒▒▒▒ ▒▒ ▒)	
	6. 박화▒	
	서산시 예천동 ▒▒▒ ▒▒▒▒▒▒ ▒▒ ▒▒▒	
	7. 오진▒	

　　　　　　　　최후주소　서울 양천구 목동서로 ▇ ▇▇ ▇▇(목동, ▇

　　　　　　　　　　　　　▇▇▇▇▇▇▇▇)

　　　　　　8. 오대▇

　　　　　　　　서산시 예천3로 ▇ ▇▇ ▇▇(예천동, ▇▇▇▇▇▇▇)

　　　　　　9. 오진▇

　　　　　　　　대전 유성구 봉명로 ▇ ▇▇▇ ▇▇(봉명동, ▇▇▇▇▇

　　　　　　　　▇▇)

변 론 종 결　　2018. 6. 19.

판 결 선 고　　2018. 7. 10.

주 문

1. 별지 부동산 목록 기재 각 부동산을 경매에 부쳐 그 대금에서 경매비용을 공제한 나머지 돈을 원고와 피고들에게 별지 지분 목록 기재 각 비율로 분배한다.

2. 소송비용은 각자 부담한다.

청 구 취 지

주문과 같다.

이 유

1. 공유물분할청구권의 발생

　　갑 제1호증의 1에서 7의 각 기재에 변론 전체의 취지를 종합하면, 원고와 피고들이 별지 부동산 목록 기재 각 부동산(이하 통틀어 '이 사건 각 부동산'이라 한다)을 별지 지분 목록 기재 각 비율로 공유하는 사실, 원고와 피고들 사이에 이 사건 각 부동산에 관한 공유물분할 협의가 성립되지 아니한 사실이 인정된다.

이 사건 각 부동산의 공유자인 원고는 나머지 공유자인 피고들을 상대로 민법 제269 조 제1항에 의하여 공유물분할을 청구할 수 있다.

2. 공유물분할의 방법

가. 재판에 의한 공유물분할은 각 공유자의 지분에 따른 합리적인 분할을 할 수 있는 한 현물분할을 하는 것이 원칙이고, 현물로 분할할 수 없거나 현물로 분할하게 되면 그 가액이 현저히 감손될 염려가 있는 때에 비로소 물건의 경매를 명하여 대금분할을 할 수 있는 것인데, 대금분할에 있어 '현물로 분할할 수 없다'는 요건은 이를 물리적으로 엄격하게 해석할 것은 아니고, 공유물의 성질, 위치나 면적, 이용상황, 분할 후의 사용·가치 등에 비추어 보아 현물분할을 하는 것이 곤란하거나 부적당한 경우를 포함한다 할 것이고, '현물로 분할을 하게 되면 현저히 그 가액이 감손될 염려가 있는 경우'라는 것도 공유자의 한 사람이라도 현물분할에 의하여 단독으로 소유하게 될 부분의 가액이 분할 전의 소유지분 가액보다 현저하게 감손될 염려가 있는 경우도 포함한다(대법원 2002. 4. 12. 선고 2002다4580 판결 참조).

나. 위 법리에 비추어 이 사건을 보건대, 갑 제1, 6호증의 각 기재와 영상, 변론 전체의 취지를 종합하여 인정할 수 있는 여러 사정, 즉 이 사건 각 부동산 중 토지 지상에는 미등기 건물도 다수 존재하고, 건물의 부지로 사용되는 부분을 제외하고는 인삼밭으로 이용되고 있는 점, 피고 오용■이 이 사건 각 부동산 중 주택에 거주하고 있는

대 공유지분대로 현물분할 시 주거로서의 기능이나 가치가 현저히 감소될 위험이 있는 점, 이 사건 각 부동산 중 피고 오영■의 지분에 청구금액 132,968,788원인 가압류가 되어 있어 현재 상태에서 현물분할이 되면 다른 공유자가 소유하는 부분에도 위 가압류가 남아있게 되는 점, 이 사건 각 부동산의 공유자가 10명에 이르고 피고 오진■에 관하여는 공시송달로 이 사건 소가 진행되고 있는 점 등을 고려하면, 현물분할의 방법에 의하여서는 이 사건 토지의 효용가치를 유지하면서 공유자들 사이의 공평한 분할을 꾀하기가 곤란하거나 부적당한 경우라고 판단된다.

이상의 사정을 고려하면 이 사건 토지를 경매에 부쳐 그 대금에서 경매비용을 공제한 나머지 금액을 공유자들에게 공유 지분의 비율에 따라 분배하는 것이 가장 공평하고 합리적인 분할방법이다.

3. 결론

이 사건 토지를 경매에 부쳐 대금분할을 하기로 하여 주문과 같이 판결한다.

판사   정왕■   정 왕 ■

3

2016 타경 10211
강원도 속초시 노학동

2016 타경 10211 (강제) 2016타경10419(병합)		매각기일 : 2016-10-10 10:00~ (월)			경매1계 033-639-■■■	
소재지	(■■■) 강원도 속초시 노학동 ■■■ [도로명] 강원도 속초시 도평3길■■					
용도	주택	채권자	신한카드		감정가	91,566,950원
지분토지	250.5㎡ (75.78평)	채무자	장영■		최저가	(70%) 64,097,000원
지분건물	33.45㎡ (10.12평)	소유자	장영■ 外		보증금	(10%) 6,410,000원
제시외	12.17㎡ (3.68평)	매각대상	토지/건물지분매각		청구금액	53,913,590원
입찰방법	기일입찰	배당종기일	2016-05-31		개시결정	2016-03-11

기일현황

회차	매각기일	최저매각금액	결과
신건	2016-08-29	91,566,950원	유찰
2차	2016-10-10	64,097,000원	매각
김기■/입찰2명/낙찰64,640,000원(71%)			
	2016-10-17	매각결정기일	허가
	2016-11-24	대금지급기한 납부 (2016.11.23)	납부
	2016-12-19	배당기일	완료
배당종결된 사건입니다.			

사건 개요

이 물건은 건물과 토지의 1/2지분이 경매로 진행됐으며, 속초의 중심이고, 현재 거주할 수 있는 상태가 비교적 좋은 건물이다. 또한 형제가 1/2씩 지분으로 소유했기에 공유자 우선매수할 수 있어도 2차에 최저가격에 입찰했으나 공유자 우선매수는 없었다.

그러나 현 시점에서 다시 권리분석을 해본 결과, 지분권자인 장영○도 이미 속초농협에 설정이 되어 있으며, 카드회사에 의해 강제경매가 진행됐다는 것을 볼 때 채무자의 경제 상태가 지극히 어렵다는 것을 알 수 있다.

건물 등기 사항	건물열람일 : 2016-08-23					🔍 등기사항증명서
구분	성립일자	권리종류	권리자	권리금액	상태	비고
을1	1986-12-29	(근)저당	설악단위농업협동조합	15,000,000원	소멸기준	(주택) 소액배당 200 이하 200 (상가) 선순위담보물권기준 상임법 보호대상아님
갑1	1999-09-28	소유권(지분)	장영■외 1명		이전	증여
을2	2003-02-25	(근)저당(지분) 장영■및장영■지분	속초농업협동조합	36,000,000원	소멸	
갑6	2008-09-29	가압류(지분) 장영■지분	■■■아이비케이	6,339,608원	소멸	
갑7	2009-03-16	가압류(지분) 장영■지분	신한카드	34,004,391원	소멸	
갑8	2016-03-11	강제경매(지분) 장영■지분	신한카드	청구: 53,913,590원	소멸	2016타경10211(배당종결)

낙찰 후 거주자를 만나러 갔으나 아무도 없었다

지분권자인 채무자의 형제가 협상할 것이라 생각했으나 무대응 무변론으로 매각분할 결정이 나서 바로 형식적 경매가 시작됐다. 그러나 집 상태가 좋으며, 위치도 좋아 별로 걱정은 하지 않았다. 협상을 원했으나 애초부터 지분권자의 재정이 좋지 않았음을 눈치 채지 못했다.

속초시 노학동 74○-1

출처 : 다음지도 항공사진

춘천지방법원 속초지원

결 정

사 건	2017타경███ 공유물분할을위한경매	
신 청 인	김가█ (740130-1██████)	
	서울 강남구 압구정로 ██ █████ (압구정동, █ ███████)	
	[송달장소 : 평택시 평남로 ██ █████ (동삭동, █·███████) (송달영수인 : 법무사 유종█)]	
상 대 방	장영██ (650116-1██████)	
	안산시 상록구 감골2로 ██ █████ (사동, ████████████)	
	[등기부상 주소 : 경기도 안산시 상록구 초당2길 ██(사동)]	
소 유 자	김기█ (740130-1██████)	
	서울 강남구 압구정로 ██ █████ (압구정동, █ ███████)	
	[등기부상 주소 : 서울특별시 강남구 압구정로 ██ █████ ███ (압구정동,█████████)]	
	장영██ (650116-██████)	
	안산시 상록구 감골2로 ██ █████ (사동, ████████████)	
	[등기부상 주소 : 경기도 안산시 상록구 초당2길 ██(사동)]	

주 문

별지 기재 부동산에 대하여 경매절차를 개시하고 신청인을 위하여 이를 압류한다.

청 구 금 액

경매로 매각 후 신청인에게 실제로 배당될 금액

이 유

춘천지방법원 속초지원 2016가단███ 공유물분할 사건의 집행력 있는 판결정본에 의한 신청인의 신청은 위 판결주문에 기재된 신청인과 상대방의 해당 비율에 의한 경매분할을 위하

※ 각 법원 민원실에 설치된 사건검색 컴퓨터의 발급번호조회 메뉴를 이용하거나, 담당 재판부에 대한 문의를 통하여 이 문서 하단에 표시된 발급번호를 조회하시면, 문서의 위, 변조 여부를 확인하실 수 있습니다.

결국 건물과 토지 전체가 143,000,000원에 낙찰됐다. 수익을 분석해보면 143,000,000원의 1/2인 71,500,000원을 배당 받았으나 소송비용과 속초까지 간 출장비용을 생각하면 좋은 결과는 아니다.

2017 타경 1207 (임의) 공유물분할을위한경매		매각기일 : 2018-03-19 10:00~ (월)		경매2계 033-639-▉▉	
소재지	(▉▉▉) 강원도 속초시 노학동 ▉▉-▉ [도로명] 강원도 속초시 도평3길 ▉▉ [노학동 ▉▉-▉]				
용도	주택	채권자	김기▉	감정가	182,581,700원
토지면적	501㎡ (151.55평)	채무자	김기▉ 外	최저가	(70%) 127,807,000원
건물면적	66.9㎡ (20.24평)	소유자	김기▉ 外	보증금	(10%)12,781,000원
제시외	포함 : 24.33㎡ (7.36평) 제외 : 184.94㎡ (55.94평)	매각대상	토지/건물일괄매각	청구금액	0원
입찰방법	기일입찰	배당종기일	2017-09-25	개시결정	2017-07-07

기일현황

회차	매각기일	최저매각금액	결과
신건	2018-02-12	182,581,700원	유찰
2차	2018-03-19	127,807,000원	매각
	낙찰143,000,000원(78%)		
	2018-03-26	매각결정기일	허가
	2018-05-03	대금지급기한 납부 (2018.04.27)	납부
	2018-05-28	배당기일	완료
	배당종결된 사건입니다.		

④ 2016 타경 33153
경기도 여주시 강천면 간매리

2016 타경 33153 (강제)		매각기일 : 2017-09-20 10:00~ (수)			경매5계 031-880-■■
소재지	(■■■) 경기도 여주시 강천면 간매리 ■■■				
용도	대지	채권자	예금보험공사	감정가	95,865,000원
지분토지	581㎡ (175.75평)	채무자	김성■	최저가	(49%) 46,974,000원
건물면적		소유자	김성■ 外	보증금	(10%)4,698,000원
제시외	제외 : 137.2㎡ (41.5평)	매각대상	토지지분매각	청구금액	84,500,000원
입찰방법	기일입찰	배당종기일	2017-04-03	개시결정	2016-12-28

기일현황 ▼간략보기

회차	매각기일	최저매각금액	결과
신건	2017-07-05	95,865,000원	유찰
2차	2017-08-16	67,106,000원	유찰
3차	2017-09-20	46,974,000원	매각
김동■외1인/입찰1명/낙찰52,710,000원(55%)			
	2017-09-27	매각결정기일	허가
	2017-11-10	대금지급기한 납부 (2017.10.26)	납부
	2017-11-22	배당기일	완료

사건 개요

이 사건은 토지에 건축물이 있으며, 2명이 공유지분으로 소유하다가 1/2지분만 경매로 진행된 사건이다. 경매 진행 중 지분권자 2명이 합의 분할했으며, 경매로 진행되는 쪽의 지분권자가 다음의 진입도로가 없는 41○-3 맹지 상태의 토지를 낙찰자가 소유하는 것으로 만들어놓은 사건이다. 경매 진행 중 지분권자들의 합의에 의해 분할해놓은 것이다. 그러나 낙찰 후 등기의 내용은 41○번지나 41○-3의 번지나 압류와 설정은 똑같이 되어 있기에 표면상 번지수가 두 개로 분할이 된 것뿐이다. 따라서 한 필지가 아닌 두 필지의 1/2지분을 매입한 것이며, 두 필지의 1/2지분권자가 됐다.

건물철거와 분할매각 소송을 제기해 조정에 임하게 됐다. 조정기일에 41○-3번지에 거주하고 있는 곽효○이 지체장애인이며, 경제력이 없는 것을 하소연하자 조정위원이 그냥 내쫓을 수 없으니 1,500만 원을 지불해 거처를 마련해주자는 조정에 합의했다.

원고 김동○과 정해○이 1/2지분을 낙찰 받았으며, 피고 조옥○는 지분권자이며, 곽효○은 무허가 주택에 거주자다. 따라서 김동○, 정해○, 조옥○ 3명이 지분대로 곽효○에게 지불해야 하나 조정문서에는 김동○과 정해○이 조옥○와 곽효○에게 1,500만 원을 지불하라는 조정내용과 달라 즉시 이의 신청하게 됐다.

다음은 41○번지와 41○-3번지가 합쳐져 있을 때의 항공사진이며, 41○-3에는 곽효○이 거주하고 있었다. 41○번지에는 동네 거주자가 임시로 거주하고 있으며, 동네 거주자는 언제라도 비워 준다고 했다.

경매로 진행 시의 41○-1 항공사진

출처 : 다음지도 항공사진

부동산의 현황 및 점유관계 조사서
1. 부동산의 점유관계
　　소재지　　　1. 경기도 여주시 강천면 간매리 ■■-■
　　점유관계　　제 3 자점유
　　기타　　　　제시외 건물 소유자(곽호■)가 수 십년 전부터 본 건물에서 거주하고 있다고 함

2. 부동산의 현황
　1) 목적물 지상에는 제시외 조적조 기와지붕 주택 1채, 스레이트지붕 헛간 1동, 계사 등이 소재하고, 일부는 텃밭으로 이용중임
　2) 목측으로 목적물의 남서쪽 일부는 옆 건물 및 담장이 경계를 침범한 것으로 보이나, 정확한 지적경계 및 침범 범위는 감정 등에 의해 별도 확인 바람

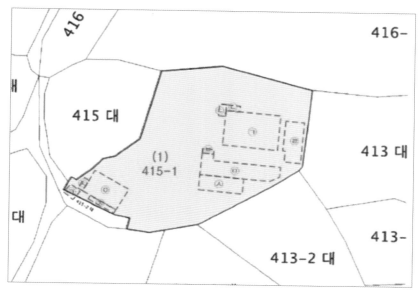

경매 시작 시 감정평가사의 41○-1

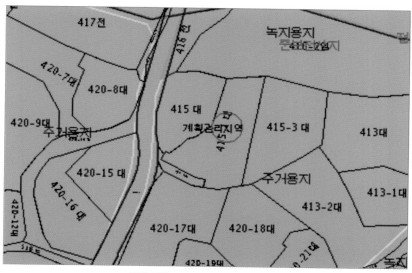

경매 진행 중 41○-1과 41○-3 분할

소 　 장

원 고 　1. 김동█ (750421-1███████)

　　　　 부산 금정구 금샘로 ███. ████ █ █████(구서동.███████ █ █)

　　　　2. 정혜█ (780705-2███████)

　　　　 부산 금정구 금샘로 ███. ████ █████(구서동.██ █ █ █ ██)

　　　　 원고들 송달장소 : 평택시 평남로 ███ ███ █(동삭동.███ ███ ███)

　　　　 원고들 송달영수인 : 법무사 유종█

피 고 　1. 조옥█ (541111-*******)

　　　　 서울시 용산구 보광동 ██

　　　　2. 곽호█

　　　　 여주시 강천면 간매리 ███ █

공유물분할 등 청구의 소

청 구 취 지

1. 별지 1 목록 1번, 2번 토지를 경매에 붙이고 그 대금에서 경매비용을 공
   제한 나머지 금액을 각 원고들에게 4분의 2, 피고 조옥█에게 4분의 2,
   지분에 따라 분배 하라.

2. 피고 곽호█은 원고에게,

   가. 별지 2 도면표시 1. 2. 3. 6. 7. 10. 1의 각점을 순차로 연결한 선내

(가)부분 브럭조 스레트지붕 단층 주택 약41.6㎡. 3. 4. 5. 6. 3의 각 점을 순차로 연결한 선내 (나)부분 판넬조 스레트지붕 주택일부 약6.2 ㎡. 9. 10. 7. 8. 9의 각 점을 순차로 연결한 선내 (다)부분 판넬조 판넬지붕 창고 약3㎡. 11. 12. 13. 14. 11의 각 점을 순차로 연결한 선내 (라)부분 브럭조 스레트지붕 단층 창고 약5.7㎡의 각 건물을 철거하고 위 1항 별지 1목록 1번 토지를 인도하고.

나. 별지 3 도면표시 1. 2. 3. 4. 5. 6. 1의 각 점을 순차로 연결한 선내 (가)부분 벽돌조 기와지붕 단층 주택 약86.2㎡. 9. 10. 2. 1. 9의 각 점을 순차로 연결한 선내 (나)부분 벽돌조 판넬지붕 (가)부속 창고 약3.9 ㎡. 6. 7. 8. 9. 6의 각 점을 순차로 연결한 선내 (다)부분 철파이프조 판넬지붕 (가)부속 보일러실 약3.7㎡. 11. 12. 13. 14. 15. 16. 11의 각 점을 순차로 연결한 선내 (라)부분 철파이프조 스레트지붕 단층 창고 약33.8㎡. 19. 20. 21. 22. 23. 24. 27. 28. 19의 각 점을 순차로 연결한 선내 (마)부분 브럭조 스레트지붕 단층 창고 약55.5㎡. 17. 18. 19. 28. 17의 각 점을 순차로 연결한 선내 (바)부분 브럭조 슬래브지붕 단층 화장실 약2.5㎡. 24. 25. 26. 27. 24의 각 점을 순차로 연결한 선내 (사) 부분 철파이프조 스레트지붕 (마)부속 창고 약32.3㎡의 각 건물을 철거 하고 위 1항 별지 1목록 2번 토지를 인도하고.

다. 2017. 10. 27.부터 위 토지인도 완료일 또는 원고가 위 토지소유권을 상실할 때까지 연 금4.790.000원을 지급하라.

3. 소송비용은 피고들이 부담한다.

3. 제2항은 가집행 할 수 있다.

라는 판결을 구합니다.

여주지원 2017가단▮▮▮ 공유물분할 2018.01.25 제출 원본과 상위 없음

답 변 서

사 건	2017가단▮▮▮ 공유물분할
원 고	김동▮ 외 1
피 고	조옥▮ 외 1
피고 조옥자의 소송대리인	변호사 조병▮

위 사건에 관하여 피고 1. 조옥▮(이하 '피고'라고 합니다)의 소송대리인은
아래와 같이 답변합니다.

아 래

1. 원고들의 주장 요지

원고들은 여주시 강천면 간매리 ▮▮▮ 및 같은 리 ▮▮▮(이하 '이 사건 각 토
지'라고 합니다)의 각 1/2 지분을 강제경매절차에서 낙찰받은 소유자로서,
이 사건 각 토지 지상에 미등기 건물들이 존재하고 있어 현물분할이 불가능
하다는 이유로 대금분할을 구하고 있습니다.

2. 이 사건 각 토지의 현물분할 필요성

가. 대법원은 "재판에 하여 공유물을 분할하는 경우에 현물로 분할할 수

답변서

없거나 현물로 분할하게 되면 그 가액이 현저히 감손될 염려가 있는 때에는 물건의 경매를 명하여 대금분할을 할 수 있는 것이고, … 재판에 의하여 공유물을 분할하는 경우에 법원은 현물로 분할하는 것이 원칙이므로, 불가피하게 대금분할을 할 수밖에 없는 요건에 관한 객관적·구체적인 심리 없이 단순히 공유자들 사이에 분할의 방법에 관하여 의사가 합치하고 있지 않다는 등의 주관적·추상적인 사정에 터잡아 함부로 대금분할을 명하는 것은 허용될 수 없다"라고 판시한 바 있습니다(대법원 2009. 9. 10. 선고 2009다40219,40226판결).

나. 이 사건의 경우 ① 원고들은 이 사건 각 토지 지분의 취득 후 피고와 공유물분할에 관한 협의를 거친 적이 없으며 피고가 대금분할을 원한 적도 없고, ② 이 사건에서 원고들은 이 사건 각 토지 지상 건물들의 철거를 구하고 있어 그 철거와 동시에 또는 그 후에 실제 현물분할이 가능한 상황이므로(피고로서도 건물 철거에 이의가 없고 현물분할을 원합니다) 이 사건 각 토지를 대금분할 방식으로 분할하여야 할 이유가 없는바 이 사건 각 토지의 분할은 현물분할 방식으로 이루어져야 할 것으로 보입니다.

3. 결어

이상과 같이 이 사건 각 토지의 분할은 현물분할에 따라 이루어져야 할 것으로 보이는바, 그에 따라 적절히 분할하여 주시기 바랍니다.

준비서면

준 비 서 면

사	건	2017 가단 [illegible] 공유물분할
원	고	김동[illegible] 외 1
피	고	조옥[illegible] 외 1

위 사건과 관련하여 원고는 피고 조옥[illegible]의 2018. 1. 25. 자 답변서에 대하여 다음과 같이 변론을 준비합니다.

- 다　　음 -

1. 피고 주장의 요지

피고주장의 요지는 공유물분할은 현물분할이 원칙이며, 이 사건을 통하여 원고가 건물소유자를 상대로 건물철거도 구하고 있으므로, 건물을 철거한다는 전제가 있다면 현물분할이 가능하므로 현물로 분할하기를 원한다는 취지입니다.

2. 판례의 입장 (경매분할을 명해야 할 사유)

피고가 인용한 대법원 2009. 9. 10. 선고 2009 다 40219,40226 판결에 의하면, **"재판에 의하여 공유물을 분할하는 경우에 현물로 분할할 수 없거나 현물로 분할하게 되면 그 가액이 현저히 감손될 염려가 있는 때에는 물건의 경매를 명하여 대금분할을 할 수 있다"** 라고 합니다.

3. 이사건 토지의 현물분할 가능성

이사건 토지를 살펴건대, 진입도로와 접한 부분이 극히 일부분이어서(갑제7
호증 지적도등본 참조) 현물로 분할할 경우 어느 토지는 맹지가 될 수 밖에
없으므로 판례의 설시와 같이 분할 후 어느 토지가 그 가액이 현저히 감손
될 염려가 있는 때에 해당한다 할 것입니다.
피고는 막연하게 현물분할이 원칙이라는 주장만 하고 있을 뿐, 그렇다면 피
고 스스로 가장 적절한 현물분할의 방법을 제시해야 할 것입니다.
원고들에게 도로가 접한 부분을, 피고가 맹지를 각 단독소유 하겠다면 원고
도 현물분할에 동의할 것이나, 피고가 도로가 접한 부분을 차지하고 맹지를
원고들의 공유로 하라고 한다면 받아들일 수 없습니다.

3. 결어

따라서 피고가 가장 적절한 현물분할의 방법을 제시하도록 명하여 주시고,
피고가 원하는 현물분할을 원고들도 납득하고 받아들일 수 있어야만 현물분
할이 가능한 것입니다.
그렇지 않고 현물분할 시 어느 토지가 맹지가 되어 그 가액이 현저히 감손
될 염려가 있는 이사건 토지의 경우 공유자간 현물분할의 협의 점을 도출해
내기 어려운 상황에서는 부득이 경매분할을 명해야 한다고 사료됩니다.

수원지방법원 여주지원

결 정

사 건	2017가단■■■ 공유물분할
원 고	1. 김동■
	부산 금정구 금샘로 ■■. ■■■ ■■■(구서동, ■■■■ ■■■■■)
	송달장소 평택시 평남로 ■■■ ■■■(동삭동, ■■ ■■■■■)
	2. 정혜■
	부산 금정구 금샘로 ■■. ■■■ ■■■(구서동, ■■■■ ■■■■■)
	송달장소 평택시 평남로 ■■■ ■■■(동삭동, ■■ ■■■■■)
피 고	1. 조옥■
	서울 영등포구 여의나루로 ■ ■■ ■■■■(여의도동, ■■■■■■■)
	소송대리인 변호사 조병■
	2. 곽호■
	여주시 강천면 간매1길 ■■■(간매리)
	송달장소 충북 음성군 생극면 팔성길■■■■ ■■ ■(팔성리)

위 사건의 공평한 해결을 위하여 당사자의 이익, 그 밖의 모든 사정을 참작하여 다음과 같이 결정한다.

결정사항

1. 별지 목록 기재 각 부동산을 경매에 부쳐 그 대금에서 경매비용을 공제한 나머지를 원고 김동■에게 1/4, 원고 정혜■에게 1/4, 피고 조옥■에게 2/4의 비율로 분배한다.

2. 원고들은 피고 곽호■에게 15,000,000원을 지급하고, 피고 곽호■은 원고들로부터 위 금원을 지급받음과 동시에 별지 목록 기재 각 부동산 위에 있는 각 미등기 건물

(각 별지 도면에 표시되어 있음)을 철거하고, 그 부지를 원고들에게 인도한다.

3. 원고의 피고 곽호▨에 대한 나머지 청구를 포기한다.

4. 소송비용은 각자 부담한다.

청구의 표시

청구취지 및 청구원인

별지 소장 기재와 같다.

2018. 6. 11.

판사   임 성 ▨

※ 이 결정서 정본을 송달받은 날부터 2주일 이내에 이의를 신청하지 아니하면 이 결정은 재판상 화해와 같은 효력을 가지며, 재판상 화해는 확정판결과 동일한 효력이 있습니다.

2015 타경 14146
충청북도 진천군 진천읍 장관리

2015 타경 14146 (강제) 2016타경8230(중복)		매각기일 : 2016-08-05 10:00~ (금)		경매 3계 043-249-▨▨	
소재지	○▨▨ 충청북도 진천군 진천읍 장관리 ▨▨▨ [도로명] 충청북도 진천군 장관2길 ▨▨▨(진천읍)				
용도	대지	채권자	윤창▨	감정가	74,691,000원
토지면적	579㎡ (175.15평)	채무자	정순▨	최저가	(64%) 47,802,000원
건물면적		소유자	임두▨ 外	보증금	(10%)4,781,000원
제시외		매각대상	토지만매각	청구금액	5,150,000원
입찰방법	기일입찰	배당종기일	2015-12-24	개시결정	2015-10-19

기일현황 ▼간략보기

회차	매각기일	최저매각금액	결과
신건	2016-05-27	74,691,000원	유찰
2차	2016-07-01	59,753,000원	유찰
3차	2016-08-05	47,802,000원	매각

강성▨/입찰6명/낙찰54,500,500원(73%)
2등 입찰가 : 51,700,000원

2016-08-12	매각결정기일	허가
2016-09-22	대금지급기한 납부 (2016.08.25)	납부
2016-10-11	배당기일	완료

배당종결된 사건입니다.

사건 개요

이 사건은 175평의 대지에 건축물 제외이고, 토지만 매각으로 감정가 74,691,000원에 시작됐고, 54,500,500원에 낙찰 받았다. 건축물 관리 대장은 1964년 임영○으로 되어 있다. 결과부터 얘기하자면 권리분석에서도 실수했지만, 거주하는 사람들의 저항도 만만하지 않았다. 권리분석에 의하면 토지 소유주는 임두○이며, 임경○이라는 임차인이 있었고, 강제경매로 채권금액이 5,150,000원이었다. 즉 매각물건에 비해 채무금액이 너무 적었다. 현장답사 결과 오래전에 건축되어 보이는 슬레이트 집이었다. 현재는 80살 정도 되는 정순○라는 여자 혼자 거주하며 마당에는 방과 화장실이 만들어져 있는 조립식 주택이 한 동 있다.

토지가 정순○ 명의로 있었으나 윤창○ 가압류 후 정순○의 손자인 임두○에게 증여했으며, 윤창○의 강제경매에 의해 진행된 사건이다. 즉 정순○의 채무에 의해 진행된 강제경매다.

순위	성립일자	권리자	권리종류(점유부분)	보증금금액	신고	대항	참조용 예상배당여부 (최저가기준)
1	전입 2015-08-03 확정 없음 배당 없음	임경■	주거임차인 제시외(3)	【보】10,000,000원 【월】200,000원	X	?	현황조사 권리내역

토지 등기 사항 ▶ 토지열람일 : 2015-10-27

🔍 **등기사항증명서**

구분	성립일자	권리종류	권리자	권리금액	상태	비고
갑3	2009-05-11	소유권	정순■	(아래가)23,000,000원	이전	매매
갑6	2015-01-23	가압류	윤창■	5,150,000원	소멸기준	
갑7	2015-04-03	소유권	임두■		이전	증여
갑8	2015-05-22	가처분	■■레미콘	청주지방법원 (2015카단1182)	소멸	가처분등기보기 2015.05.22 인용
갑9	2015-10-19	강제경매	윤창■	청구: 5,150,000원	소멸	2015타경14146(배당종결)

명세서 요약사항 ▶ 최선순위 설정일자 2015.01.23.(가압류)

그 돈 받을 때까지 친정에서 드러누워 있다가 연락할게

낙찰 받고 현장에 가자 80대 여자 노인이 나왔다. "어떻게 왔냐?"고 한다. 이 집을 경매로 낙찰 받은 사람이라고 하자 태연히 들어오란다. 들어가자 커피 한잔 주며 "토지만 받았지요?"라고 묻는다. "네, 그래요"라고 말하자 "집은 내가 시아버지한테 산거야"라며 토지만 다시 팔 것이냐고 묻는다.

"얼마나 받을 거야?"
"예, 8,000만 원 주시면 팔도록 하겠습니다."
"내가 친정이 좀 잘살아. 그 돈 받을 때까지 친정에서 드러누워 있다가 연락할게. 조금 기다려 봐!"

정말 찰떡같이 믿고 집으로 돌아왔다.

할머니에게 20일 후에는 정말 집행하러 다시 온다고 예고했다. 그런데 안방으로 들어서자 안방이 법당으로 변해 있었다. 깜짝 놀라 집행관에게 물으니 "문제없어요. 길에다 내어놓으면 됩니다"라고 한다. 마당 안에 있는 집에 들어가자 젊은 남자들이 3명이나 있다. 어떻게 여기에 거주하느냐고 집행관이 묻자 "이 근처에 공사하러 온 사람들인데 임시로 세를 얻어 여기서 거주하고 있습니다"라고 말한다. 집행관이 나에게 조용히 다가와 물었다.

"왜 점유이전금지 신청을 안 하셨나요? 저 사람들이 거주하고 있으면 집행할 수 없습니다."

대체집행을 못 한다니…. 사건이 이렇게까지 될 줄 모르고 점유이전금지를 안 한 것이 화근이었다. 결국 점유이전금지 가처분을 하고, 대체집행은 이후 다시 시작하기로 할 수밖에 없었다.

독자 여러분들은 왜 점유이전금지 가처분을 안 했느냐고 물을 수 있으나 그것은 결과론이다. 몇 년 동안 점유이전금지를 했어도 한 번도 써먹지 못 하고 대부분 끝났다. 대체집행까지 갔어도 이런 식으로 저항한 것은 처음이었다. 결국 이렇게 대체집행이 가능하다는 것을 인지한 거주자들이 협상을 시작했다. 협상으로 마무리됐지만 너무 많은 시간과 경비가 들어갔던 사건이다.

대체집행을 방해하기 위한 법당

청 주 지 방 법 원

판 결

사 건	2016가단▨▨▨▨ 토지인도 등	
원 고	강성▨	
	춘천시 서부대성로 ▨▨ ▨▨▨ ▨▨▨ (후평동, ▨▨▨▨▨▨)	
	송달장소 평택시 평남로 ▨▨▨ ▨▨ (동삭동, ▨▨▨▨▨▨)	
피 고	1. 임두▨	
	충북 진천군 진천읍 장관2길 ▨▨ ▨	
	2. 임경▨	
	충북 진천군 진천읍 장관리 ▨▨	
변 론 종 결	무변론	
판 결 선 고	2017. 1. 19.	

주 문

1. 피고 임두▨은 원고에게,

  가. 충북 진천군 진천읍 장관리 ▨▨▨ 대 579㎡ 지상의 별지 도면 표시 15, 16, 17, 18, 19, 20, 21, 22, 15의 각 점을 순차로 연결한 선내 (가)부분 주택 80㎡, 같은 도면 표시 23, 24, 25, 26, 27, 28, 29, 30, 12, 31, 32, 14, 33, 23의 각 점을 순차로 연결한 선내 (나)부분 주택 50㎡, 같은 도면 표시 34, 35, 36, 37, 38, 34의 각 점을 순차로 연결한 선내 (다)부분 창고 15㎡를 각 철거하고, 그 토지를 인도하고,

나. 2016. 8. 25.부터 위 부동산의 인도완료일까지 연 3,734,550원의 비율로 계산한
   돈을 지급하라.

2. 피고 임경■■은 원고에게 제1의 가.항 기재 각 건물에서 퇴거하라.

3. 소송비용은 피고들이 부담한다.

4. 제1, 2항은 각 가집행할 수 있다.

청 구 취 지

주문과 같다.

이   유

1. 청구의 표시

   별지 청구원인 기재와 같다.

2. 무변론 판결

   민사소송법 제208조 제3항 제1호

판사   김한■ _____ 김한■ (인)

2017-0065916540-B937C   위변조 방지용 바코드 입니다.   2 / 6

청 주 지 방 법 원

결 정

정본입니다.

2017. 10. 12

법원주사보 임종

사 건 2017타기 █ 대체집행

채 권 자 강성 (570302-1██████)
춘천시 서부대성로 ███ ████(후평동, ██████)
송달장소 : 평택시 평남로 ████ ████(동삭동, ██████)
송달영수인 : 법무사 유종█

채 무 자 임두██
충북 진천군 진천읍 장관2길 ██ █
송달장소 : 청주시 흥덕구 봉명로 ███ (봉명동 ████) ██

주 문

채권자는 그가 위임하는 청주지방법원 소속 집행관으로 하여금 충북 진천군 진천읍 장관리 ████ 대 579㎡ 지상의 별지 도면 표시 15, 16, 17, 18, 19, 20, 21, 22, 15의 각 점을 순차로 연결한 선내 (가)부분 주택 80㎡, 같은 도면 표시 23, 24, 25, 26, 27, 28, 29, 30, 12, 31, 32, 14, 33, 23의 각 점을 순차로 연결한 선내 (나)부분 주택 50㎡, 같은 도면 표시 34, 35, 36, 37, 38, 34의 각 점을 순차로 연결한 선내 (다)부분 창고 15㎡를 채무자의 비용으로 철거하게 할 수 있다.

이 유

채권자와 채무자 사이의 청주지방법원 2016가단 █████ 토지인도 등 사건의 집행력 있는 판결정본에 기한 채권자들의 이 사건 신청은 이유 있으므로 주문과 같이 결정한다.

2017. 10. 12.

판사 도형█

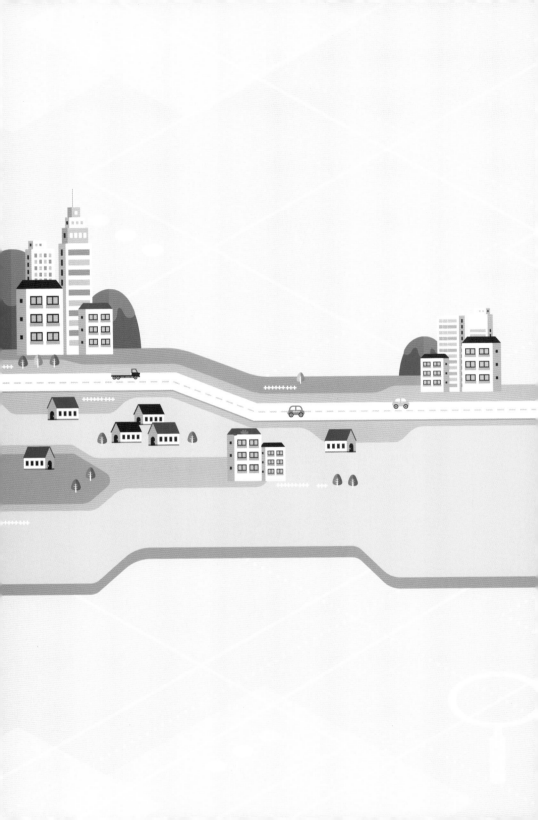

어려움을 이겨내고
역전하다

2015 타경 5493
강원도 횡성군 둔내면 자포곡리

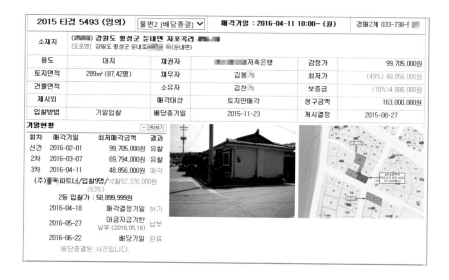

2015 타경 5493 (임의)	물번2 [배당종결] ∨		매각기일 : 2016-04-11 10:00~ (월)		경매2계 033-738-■■
소재지	(■■■) 강원도 횡성군 둔내면 자포곡리 ■■■■ [도로명] 강원도 횡성군 둔내로■■■■ ■■(둔내면)				
용도	대지	채권자	■■■■■■■■저축은행	감정가	99,705,000원
토지면적	289㎡ (87.42평)	채무자	김봉■	최저가	(49%) 48,856,000원
건물면적		소유자	김찬■	보증금	(10%)4,886,000원
제시외		매각대상	토지만매각	청구금액	163,000,000원
입찰방법	기일입찰	배당종기일	2015-11-23	개시결정	2015-08-27

기일현황 ▾간략보기

회차	매각기일	최저매각금액	결과
신건	2016-02-01	99,705,000원	유찰
2차	2016-03-07	69,794,000원	유찰
3차	2016-04-11	48,856,000원	매각

(주)■■파트너/입찰9명/낙찰62,370,000원
(63%)

2등 입찰가 : 58,899,999원

2016-04-18	매각결정기일	허가
2016-05-27	대금지급기한 납부 (2016.05.16)	납부
2016-06-22	배당기일	완료

배당종결된 사건입니다.

사건 개요

이 사건은 289㎡의 상업지역의 토지 위에 이석○의 건축물과 동호
○의 건축물 일부가 걸쳐 있는 상태로 토지만 경매로 진행됐으며, 건

물주인이 1년에 지료로 104만 원을 지급하며 거주하고 있는 감정가 99,705,000원의 토지를 62,370,000원에 낙찰 받았다.

이 동네에서는 연간 토지 임료가 평당 2만 원

낙찰 후 건축주를 만나자 지금처럼 연 104만 원의 지료를 지급하겠다며 이 동네에서는 연간 토지 임료가 평당 2만 원이며, 그 이상 임료를 주는 곳은 이 동네에는 없다고 주장해 바로 건물철거 및 지료소송을 원고의 거주지인 남양주지방법원에 제기하게 됐다. 무변론으로 판결문이 결정되기 전 변호사를 선임해 답변서를 제출했다. 답변서에는 지료의 근거를 명확히 해줄 것을 요구했고, 재판정에서 현황 측량과 지료감정을 하라는 보정명령서를 접수해 측량과 감정을 신청해 결과대로 청구취지를 변경했다.

춘천지원으로 이송해줄 것을 요구

청구취지를 변경하자 피고소인의 변호사가 강원도 춘천지원으로 이송해줄 것을 요구해 재판정이 변경됐다.

현황측량과 지료감정평가를 근거자료로 지료신청을 하자 건축물을 철거하고 지료를 지불해야 한다는 사실은 불변이며, 상대편 변호사도 잘 알고 있었기에 어떠한 이유를 대어서라도 재판을 지연시키려고 했다. 평균 약 3~4개월에 한 번 정도 재판이 열렸고, 결국 상대편 변호사의 주장은 적당한 가격에 건물을 매입해달라는 것이었다. 시간을 끌어도 지료는 변함없기에 우리도 서두르지는 않았다.

이석○의 건물은 3,000만 원, 동호○의 건물은 1,000만 원에 매입

결국 이석○의 건물은 3,000만 원, 동호○의 건물은 1,000만 원에 매입하기로 했으며, 지료청구는 포기하는 것으로 합의했다. 토지를 건축주에게 매도하려고 시작한 것이 반대로 건축물을 매입하는 것으로 결론 지어졌다. 경제적인 여유가 없었던 낙찰자라면 결심하기가 어려웠을 수도 있는 상황이었던 것이다.

이 정도의 높은 가격에 합의된 이유는 평창올림픽 때문인지, 상업지역 때문인지 정확한 원인은 알 수 없다. 하지만 건물과 토지 전체를 2억 원에 매입하겠다는 사람이 나타나는 바람에 합의하게 됐다. 결국 약 2년 6개월의 오랜 시간이 소요됐다. 금전적으로 이익은 있었으나 소요된 시간에 비하면 큰 수익은 아니며, 2억 원에 매입하겠다는 사람이 나타나지 않았다면 더 오랜 시간이 소요될 수도 있었다.

출처 : 다음지도 항공사진

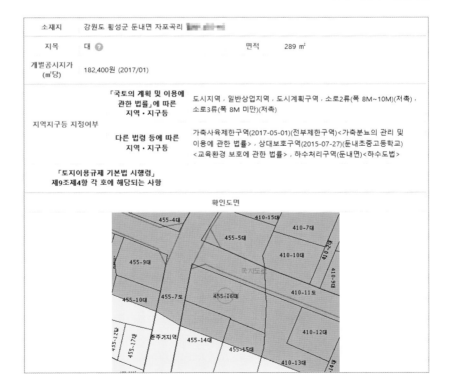

소재지	강원도 횡성군 둔내면 자포곡리 ▮▮▮ ▮▮▮ ▮▮		
지목	대 ❓	면적	289 m²
개별공시지가 (m²당)	182,400원 (2017/01)		
지역지구등 지정여부	「국토의 계획 및 이용에 관한 법률」에 따른 지역・지구등	도시지역 , 일반상업지역 , 도시계획구역 , 소로2류(폭 8M~10M)(저촉) , 소로3류(폭 8M 미만)(저촉)	
	다른 법령 등에 따른 지역・지구등	가축사육제한구역(2017-05-01)(전부제한구역)<가축분뇨의 관리 및 이용에 관한 법률> , 상대보호구역(2015-07-27)(둔내초중고등학교) <교육환경 보호에 관한 법률> , 하수처리구역(둔내면)<하수도법>	
	「토지이용규제 기본법 시행령」 제9조제4항 각 호에 해당되는 사항		

확인도면

소 장

원 고   주식회사 ○○파트너스 (284111-0138○○○)

남양주시 별내면 청학로○○번길 6, 509동 802호(원룸)

대표자 사내이사 신동○

송달장소 : 평택시 평남로 1○○○, 501호 (동삭동, ○○빌딩)

송달영수인 : 법무사 유종○

피 고   1. 이석○ (680807-*******)

강원 횡성군 둔내면 용현로○○번길 ○○-21

2. 동호○ (700118-*******)

강원 횡성군 둔내면 둔방내리 5○○ ○○빌라 101호

지료 청구의 소

청 구 취 지

1. 원고에게 2016. 5. 16.부터 별지목록 기재 토지의 인도 완료일까지 피고 이석○은 월 금 758,333원, 피고 동호○은 월 금 325,000원을 각 지급하라.
2. 소송비용은 피고들이 부담한다.
3. 제1항은 가집행할 수 있다.

라는 판결을 구합니다.

청 구 원 인

1. 원고의 토지소유권 취득

원고는 2016년 5월 16일에 강원도 횡성군 둔내면 자포곡리 4○○-16 대 289㎡(이하 '이 사건 토지'라 함)를 춘천지방법원 원주지원 2015 타경 5493호 부동산임의경매 사건에서 임의경매로 인한 매각을 원인으로 취득 했습니다(갑제1호증 부동산등기사항증명서, 갑제2호증 토지대장 참조).

2. 피고들의 건물소유

피고 이석○은 이 사건 토지의 지상에 시멘트벽돌조 슬래브지붕 단층주택 66.3㎡를 소유 및 점유하고 있고, 피고 동호○은 이 사건 토지의 지상에 시멘트 벽돌조 슬래브지붕 단층주택 20평을 소유 및 점유하고 있습니다 (갑제3호증의 1, 2 각 부동산등기사항증명서 참조).

건물 소유로 인한 이 사건 토지의 점유부분은 각 피고 이석○이 약 70%, 피고 동호○이 약 30%를 차지하고 있습니다(갑제4호증의 1지적도등본, 갑제4호증의 2 항공사진 참조).

한편 피고들의 건물은 부동산등기사항증명서가 존재하는데, 피고 이석○ 소유의 건물은 횡성군 둔내면 자포곡리 4○○번지(갑제3호증의 1 참조), 피고 동호○ 소유의 건물은 횡성군 둔내면 자포곡리 4○○, 4○○-2 번지 로 되어 있어 이 사건 토지의 지상에 있는 건물이 아닌 것처럼 기재되어 있 으나, 실제로는 이 사건 토지 지상에 존재하고 있습니다.

그 사유를 원고가 횡성군청에 알아본 결과, 1981년, 1982년경 모번지인 자포곡리 4○○번지가 수필지로 분할이 됐는데, 그 이전에 이미 피고들의 건물이 존재했고, 건축물대장의 토지 지번을 정리하지 아니해 위와 같은 상황이 빚어진 것이고(갑제5호증 토지대장 참조), 원고가 실제 피고들을 만나 확인한 바에 의하더라도 이 사건 토지 지상의 건물이 피고들 소유임 이 확실합니다.

3. 지료의 청구

피고들의 진술에 의하면 이 사건 토지의 전 소유자 소외 김찬○에게 피고들이 각자 지료를 지급했다고 합니다.

그런데 원고는 피고들과 적정한 지료에 대해 협의를 하려 하나 이견이 있어 불발됐으므로 이 건 청구에 이른 것입니다.

이 사건 토지의 지역은 상업지역으로 실거래가가 약 금130,000,000원입니다.

따라서 원고는 우선 실거래가의 10%에 해당하는 연 금13,000,000원(월 금1,083,333원) 중 피고 이석○에게는 70%(토지점유비율)를 월별로 계산한 월 금758,333원을, 피고 동호○에게는 30%(토지점유비율)를 월별로 계산한 월 금325,000원을 각 청구합니다.

필요할 경우 소송진행 중 지료감정을 통해 청구취지를 변경하겠습니다.

4. 결어

위와 같은 사유로 원고는 피고들을 상대로 이 사건 청구취지와 같은 판결을 구하기에 이른 것입니다.

남양주시법원 2016가소 ■■■■ 지료 2016.10.26 제출 원본과 상위 없음

준 비 서 면

<table>
<tr><td>사　　　건</td><td>2016 가소 ■■■ 지료</td></tr>
<tr><td>원　　　고</td><td>주식회사 ■■파트너스</td></tr>
<tr><td>피　　　고</td><td>이석■ 외 1인</td></tr>
</table>

　　　위 사건에 관하여 피고들의 소송대리인은 다음과 같이 변론을 준비합니다.

다　　음

1. 원고 소유 토지 중 건물의 점유면적에 대하여

　　　원고는 피고들이 소유한 건물이 모두 이 사건 토지 위에 존재한다는 것을 전제로 피고 이석■은 이 사건 토지의 70%, 피고 동호■은 이 사건 토지의 30%를 점유하고 있다며 피고들을 상대로 지료를 청구하고 있습니다.

　　　피고들이 소유한 건물이 이 사건 토지를 일부 점유하고 있는 것은 사실이나, 피고 들 소유의 건물 전체 면적이 모두 이 사건 토지 위에 있는 것은 아닙니다. 피고들 소유의 건물이 점유한 면적은 측량감정 등의 절차를 통해 확정되어야 합니다.

준비서면

남양주시법원 2016가소 ▇▇▇ 지료 2016.10.26 제출 원본과 상위 없음

2. 원고의 과도한 지료 청구

가. 피고들의 기존 임대차 관계

　피고 이석▇이 소유한 건물의 전 소유자는 이 사건 토지의 전 소유자인 김찬▇와 건물의 소유를 위하여 토지임대차계약을 체결하였고, 임대차계약에 따라 연 104만원 (52평 x 2만원)[1]의 차임을 지급하고 있었습니다. 피고 이석▇은 2012. 2.경 이 사건 건물을 매수하면서 이 사건 토지의 임대차를 그대로 승계하였고, 당시 토지의 소유자로부터 자신이 회생절차 중이니 유동화전문회사에 차임을 지급하라는 말을 듣고 유동화전문회사에 연 104만원의 차임을 지급하여 왔습니다.

　피고 동호▇도 피고 이석▇과 같이 이 사건 토지의 전 소유자와 토지임대차계약을 체결하였고, 차임으로 1년에 64만원 (32평 x 2만원)을 지급하여왔습니다.

　피고 이석▇과 동호▇은 이와 같이 이 사건 토지의 전소유자와 토지임대차계약을 체결하였고, 이 사건 토지 지상에 건물을 소유하고, 건물을 등기하였으므로 민법 제 622조 제1항에 따라 경매 절차에 따라 이 사건 토지의 소유권을 취득한 원고에게도 이와 같은 내용의 토지임대차를 대항할 수 있습니다. 따라서 원고는 피고 이석▇에게는 연 104만원의, 피고 동호▇에게는 연 64만원의 차임을 청구할 수 있을 뿐 이를 초과하는 차임을 구할 수는 없습니다.

---

1) 이 사건 토지의 일대가 평당 연 2만원 정도의 차임을 받고 있는 것으로 알고 있습니다. 피고 이석 ▇이 소유한 건물이 이 사건 토지를 점유하고 있는 면적이 약 52평 정도 되기 때문에 연 차임을 104 만원으로 정한 것입니다.

남양주시법원 2016가소 ▒▒▒▒ 자료 2016.10.26 제출 원본과 상위 없음

나. 원고 청구의 부당성

원고는 바로 1년 전인 2015년에 이 사건 토지를 99,705,000원에 경락받았음에도 불구하고 근거도 없이 현재 이 사건 토지의 시가가 1억 3,000만원임을 전제로2) 시가의 10%에 해당하는 금액(총 1,300만원)을 차임으로 지급하라고 주장하고 있습니다. 원고가 구하는 차임은 피고들이 기존에 지급하여 오던 차임의 10배에 가깝고, 이는 너무나도 과도합니다.

원고는 무엇을 근거로 토지 시가의 10%가 차임이라는 주장을 하는 것인지 밝혀 주시기 바랍니다.

3. 이송의 필요성에 대하여

원고는 원고의 편의만을 위하여 이 사건 소송을 귀원에 제기하였으나 사건의 해결을 위해 측량감정 및 임료감정 등의 절차가 필수적인바 이 사건 소송은 이 사건 토지 소재지를 관할하는 원주지원으로 이송됨이 상당하다 사료됩니다.

4. 결론

이 사건 토지에 대한 차임으로 피고 이석▒은 연 104만원, 피고 동호▒은 연 64만원을 지급할 의무만 있습니다. 이를 초과하는 원고의 청구를 기각하여 주시기 바랍니다.

---

2) 원고는 갑제7호증의1을 제시하며 이 사건 토지의 현재 시가가 1억 3,000만원이라고 주장하나, 갑제7호증의1 어디에도 자포곡리 ▒▒ ▒에 대한 시가 정보는 나타나 있지 않습니다.

〈본관용〉
12/8

감 정 신 청 서

사건번호   2016 가소 ■■■■ 지료
원   고   주식회사 ■■파트너스
피   고   이석■ 외 1

위 사건에 관하여 원고는 지료 및 철거대상인 건축물을 특정하기 위하여 다음과
같이 감정을 신청합니다.

1. 감정의 목적
   1) 정확한 지료를 산정하기 위함
   2) 철거대상인 건물을 특정하기 위함

2. 감정의 목적물
   1) 강원도 횡성군 둔내면 자포곡리 ■■■■ 대 289 ㎡
   2) 위 지상에 존재하는 건축물

3. 감정사항
   위 2항 토지의 적정한 지료(토지임대료)
   위 2항 ①토지의 정확한 경계, ②건축물의 위치, 용도, 면적, 구조 등

2016 . 12 .   .

위 원고   주식회사 ■■파트너스
          대표자 사내이사 신동■

의정부지방법원 남양주시법원   귀중

청구취지변경신청

<보관용>
10/10

법원에서 개타용

사　　건　2016 가소 ▇▇ 지료
원　　고　주식회사 ▇▇파트너스
피　　고　이석▇ 외1

위 사건과 관련하여 원고는 다음과 같이 청구취지를 변경신청합니다.

- 다　　음 -

변경후 청구취지

1. 원고에게 2016. 5. 16.부터 별지목록 기재 토지의 인도 완료일 또는 원고
의 토지소유권 상실일까지 피고 이석▇은 월 금 758,333원, 피고 동호▇은
월 금 325,000원을 각 지급하라.
2. 소송비용은 피고들이 부담한다.
3. 제1항은 가집행할 수 있다.
라는 판결을 구합니다.

첨부서류

1. 청구취지변경신청서 부본　2통

www.scourt.go.i

의정부지방법원 남양주시법원

보 정 명 령

사   건   2016가소 ▓▓▓ 지료

원   고   주식회사 ▓▓파트너스

피   고   이석▓ 외 1명

원고는 이 명령의 보정기한까지 다음 흠결 사항을 보정하시기 바랍니다.
보정기한: 송달된 날로부터 10일 이내

흠 결 사 항

지료(토지임대료)감정료 보관금 496,540원 및 경계측량감정료 보관금 2,251,700원을 납부하고, 보정서 형식으로 각각의 법원보관금 영수필통지서를 제출하시기 바랍니다.

총: 2,748,240 원

2016. 12. 22.

판사   권 성 ▓

2016-0084062114-2598E   위변조 방지용 바코드 입니다.   1

2

2015 타경 10736
경기도 평택시 서탄면 적봉리

2015 타경 10736 (임의)		매각기일 : 2016-05-09 10:00~ (월)		경매3계 031-650-■■■
소재지	(■■■) 경기도 평택시 서탄면 적봉리 ■■■			
용도	하천	채권자	권광■	감정가	65,059,000원
지분토지	288.5㎡ (87.27평)	채무자	김성■	최저가	(70%) 45,541,000원
건물면적		소유자	김성■ 外	보증금	(10%) 4,555,000원
제시외	제외 : 251.1㎡ (75.96평)	매각대상	토지지분매각	청구금액	30,000,000원
입찰방법	기일입찰	배당종기일	2015-11-24	개시결정	2015-09-04

기일현황

회차	매각기일	최저매각금액	결과
신건	2016-04-04	65,059,000원	유찰
2차	2016-05-09	45,541,000원	매각

배순■외3명/입찰7명/낙찰48,910,000원(75%)
2등 입찰가 : 48,110,000원

	2016-05-16	매각결정기일	허가
	2016-06-27	대금지급기한 납부 (2016.06.17)	납부
	2016-07-22	배당기일	완료

배당종결된 사건입니다.

② 건물현황	② 토지현황	② 임차인/대항력여부	② 등기사항/소멸여부
[건물목록] **[건물기타현황]** – **[제시외건물]** 적봉리 ▦▦-▦ [주택및창고] 세멘브럭및연와조 (ㄱ) 149㎡(45.07)평 금액 : 원 매각제외 적봉리 ▦▦-▦ [주택] 세멘브럭조 (ㄴ) 42㎡(12.7)평 금액 : 원 매각제외 적봉리 ▦▦-▦ [창고] 철파이프조 (ㄷ) 42.8㎡(12.95)평 금액 : 원 매각제외 적봉리 ▦▦-▦ [창고] 철파이프조 (ㄹ) 12.8㎡(3.87)평 금액 : 원	**[(지분)토지목록]** 적봉리 ▦▦-▦ [하천] 계획관리지역 : 126㎡(38.11평) 표준지가 : 108,000원 단가㎡ : 241,000원 금액 : 30,366,000원 적봉리 ▦▦-▦ [대지] 계획관리지역 : 162.5㎡(49.16평) 표준지가 : 165,000원 단가㎡ : 원 금액 : 34,693,000원 🖰 토지이용계획/공시지가 🖰 부동산정보 통합열람 **[토지기타현황]** – 신야리마을내에 위치 – 인근은 전, 답, 농가주택 등이 혼재한 지방도주변 순수농촌지대 – 본건 서측 인근에 소재 회화로변 시내버스정류장이 소재, 운행횟수, 노선의 수 등 보아 대중교통여건은 다소 불편시, 남축 인근에 소재한 302번 지방도(왕복4차선)를 통해 평택↔화성간 고속국도 및 1번 국도와 연결 접근여건은 보통 – 사다리형 평지	배당종기일 : 2015-11-24 **유재▦** 전입 : 1968-10-20 확정 : 없음 배당 : 없음 점유 : 현황조사 권리내역 🖰 매각물건명세서 🖰 예상배당표 – 유재▦은 임대차계약서, 주민등록등본 미제출.	**소유권(지분)** 2007-04-06 토지 김경▦ 외 3명 外 증여 **(근)저당(지분)** 2015-02-02 토지 권광▦ 45,000,000원 김성▦지분 **임의경매(지분)** 2015-09-04 토지 권광▦ 청구 : 30,000,000원 2015타경10736배당종결 김성▦지분 ▷ 채권총액 : 45,000,000원 🖰 등기사항증명서 토지열람 : 2015-09-24

사건 개요

이 사건은 지목이 하천인 6○○-6과 6○○-7의 건축물이 있는 대지 1/4 토지지분만 경매로 진행됐다. 감정가 65,059,000원의 물건을 48,910,000원에 낙찰 받아 공유지분 매각분할 및 지료청구 소송을 제기했다. 재판부에서 지료청구를 했으니 지료감정을 신청하라는 보정명령에 지료감정을 의뢰했다.

6○○-6 하천의 일부(87평)을 현물 분할해 가져가라

피고소인들은 답변서에 6○○-6 하천의 일부(87평)를 현물 분할해 가져가라며 분할한 지적도를 첨부했다. 87평을 한 면이 길쭉하게 분할되어 건축하기 어려운 형태이기에 이러한 이유로 받아들일 수 없다고 했다. 또한 원고는 지목이 하천을 소유하고 피고소인들은 대지를 소유하는 것이기에 낙찰평수로 분할하는 것은 불공정하다는 의견을 제시하며 다 팔아서 매각 분할해달라고 재판부에 요청했다. 이즈음 지료감정평가서가 도착했다.

매월 595,833원의 지료가 결정됐다

감정평가에 의하면 연 7,150,000원, 즉 매월 595,833원의 지료가 결정됐다. 지료가 결정됨에 따라 지료감정평가에 의한 청구취지를 변경해서 합의 시까지 지료를 청구한 것이다. 낙찰가에 비해 상당히 높은 가격의 지료가 결정되자 기세등등하던 피고소인들의 당황한 기색을 느낄 수 있었다.

정사각형 모양으로 분할해주면

피고소인이 현물분할을 원할 시 6○○-6의 토지 87평을 도로에 접하게 정사각형 모양으로 분할해주면 현물분할도 받아들이겠다고 역제안을 했다. 사실 이렇게 분할하면 나머지 토지는 ㄱ자 모양으로 남기에 전혀 쓸모없는 땅이 된다는 사실은 원고도 알고 있었다. 하지만 피고소인 측에서 협상의 의지가 없이 6○○-6 의 토지를 길쭉하게 분할해 가라는 얘기도 똑같은 이치이기에 똑같이 어깃장을 부려본 것이다. 결국 조정에 임하자 피고소인 측에서도 협상의 의지를 보이기 시작했다. 결국 합의는 하천 부지를 하천 부지 가격으로, 대지는 대지 가격으로 각각 평가했다. 총금액의 1/4 금액으로 6○○-6의 토지로 현물을 소유하며, 6○○-6의 잔여 토지는 하천 부지 가격으로 원고가 현금으로 매입하는 것으로 합의됐다.

504㎡ 토지 전체를 원고가 소유하며

결론은 61○-6의 504㎡ 토지 전체를 원고가 소유하며, 피고소인에게 1,000만 원의 현금을 지급하는 것으로 종결됐다. 결과는 낙찰대금, 지료감정평가비용, 소송비용을 총합해 약 6,500만 원에 평택 토지 153평을 구입한 것이다. 이것을 평당으로 환산하면 약 43만 원 정도다. 결국은 지료감정평가 결과가 이 사건을 역전하는 발판을 만들어 주었다. 이 정도면 독자 여러분들도 어느 정도 수익이 되리라는 것은 짐작할 수 있을 것이다. 시간은 약 10개월 정도 걸렸으나 다행히 역전하게 됐으며, 수익률에서도 만족한 사건이다.

소 장

원 고　　배순○(630319-*******)

　　　　　창원시 마산회원구 내서읍 광려천동로 ○○, 1207호(○○맨션)

　　　　　송달장소 : 평택시 평남로 ○○○○, 501호(동삭동, ○○빌딩)

　　　　　송달영수인 : 법무사 유종○

피 고　　1. 김경○(610929-*******)

　　　　　　경기 여주군 여주읍 하리 1○○-7 ○○○○아파트 903호

　　　　　2. 김명○(720501-*******)

　　　　　　창원시 의창구 북면 무동서로 ○○,

　　　　　　105동 1302호(창원○○○○○○○○1차 아파트)

　　　　　3. 김왕○(550222-*******)

　　　　　　평택시 서탄면 적봉리 3○○

　　　　　4. 김용○(600120-*******)

　　　　　　경기도 여주군 점동면 처리 5○○

　　　　　5. 이규○(550117-*******)

　　　　　　창원시 마산합포구 동서남1길 ○○, 508호(신포동○가, 경남
　　　　　　○○맨션)

　　　　　6. 이은○(740207-*******)

　　　　　　창원시 성산구 원이대로 4○○, 121동 1601호
　　　　　　(반림동, ○○○○아파트)

　　　　　7. 유재○

　　　　　　평택시 서탄면 적봉리 6○○-7

청 구 취 지

1. 별지 1 목록 기재 토지를 경매에 부치고 그 대금에서 경매 비용을 공제한 나머지 금액을 각 원고에게 16분의 1, 피고 김경○에게 16분의 4, 피고 김명○에게 16분의 1, 피고 김왕○에게 16분의 4, 피고 김용-○에게 16분의 4, 피고 이규○에게 16분의 1, 피고 이은○에게 16분의 1 지분에 따라 각 분배하라.

2. 피고 유재○은 원고에게,

   가. 별지 2 도면 1, 2, 3, 4, 5, 6, 7, 8, 9, 10, 11, 12, 13, 1의 각 점을 순차로 연결한 선내 (가)부분 세멘브럭 및 연와조 도단지붕 단층 주택 및 창고 약 149㎡, 5, 14, 19, 6, 5의 각 점을 순차로 연결한 선내 (나)부분 세멘브럭조 스레트지붕 단층 주택 약 42㎡, 14, 15, 16, 17, 18, 19, 14의 각 점을 순차로 연결한 선내 (다)부분 철파이프조 스레트지붕 단층 창고 약 42.8㎡, 20, 21, 22, 23, 20의 각 점을 순차로 연결한 선내(라)부분 철파이프조 스레트지붕 단층 창고 약 12.8㎡, 24, 25, 26, 27, 24의 각 점을 순차로 연결한 선내 (마)부분 세멘브럭조 스레트지붕 창고 약 4.5㎡를 각 철거하고, 별지 1 목록 2번 토지를 인도하고,

   나. 2016. 6. 17.부터 위 토지인도 완료일까지 연 금500,000원을 지급하라.

3. 소송비용은 피고들이 부담한다.

4. 제2항은 가집행 할 수 있다.

라는 판결을 구합니다.

청 구 원 인

1. 토지의 공유관계

   경기도 평택시 서탄면 적봉리 6○○-6 하천 504㎡, 같은 곳 6○○-7 대 650㎡(이하 '이 사건 토지'라 함)는 2007. 4. 6. 증여를 원인으로 피고 김경○, 피고 김왕○, 피고 김용○이 각 16분의 4 지분을 취득했고, 2016. 6. 17. 임의경매로 인한 매각을 원인으로 원고 및 피고 김명○, 피고 이규○, 피고 이은○이 각 16분의 1 지분을 취득해 공유하고 있습니다(갑제1호증의 1, 2 각 부동산등기사항증명서, 갑제2호증의 1, 2 각 토지대장 참조).

2. 분할의 필요성 및 그 방법

   이 사건 토지는 위와 같이 각 7인의 공동소유로 되어 있어 원고와 피고들 모두가 재산권행사에 많은 제약을 받고 있는 바, 각 공유지분에 따라 분할을 할 필요가 있습니다.

   그런데 이 사건 토지는 7인이 공유하고 있고, 별지 1 목록 2번 토지 지상에 피고 유재○ 소유의 미등기무허가 건물이 존재해 현물로 분할하는 것은 거의 불가능하다 할 것이므로, 경매에 부쳐 그 대금에서 경매비용을 차감한 나머지 금전을 가지고 각 공유자의 지분에 따라 현금으로 분할하는 것이 가장 적절한 방법입니다.

3. 건물의 소유 및 토지소유권의 침해

   이 사건 토지 중 별지 1 목록 2번 토지의 지상에는 피고 유재○ 소유의 미등기 무허가 건물(이하 '이 사건 건물'이라 함)이 존재하고 피고 유재○이 현재 점유 사용하고 있습니다(갑제4호증 현황조사서, 갑제5호증

감정평가서 참조).

피고 유재○은 위와 같이 이 사건 토지 중 일부 토지 지상에 무단으로 건물을 소유하면서 원고의 이 사건 토지의 소유권(공유지분)을 침해하고 있다 할 것이므로 피고 유재○은 원고에게 이 사건 건물을 철거하고 이 사건 토지를 인도할 의무가 있습니다.

4. 지료 상당의 부당이득 청구

피고 유재○은 이 사건 건물을 소유 및 점유사용하면서, 이 사건 토지를 이용하고 있으므로 원고가 소유지분을 취득한 2016년 6월 17일부터 이 사건 건물의 철거 및 이 사건 토지의 인도완료일까지 지료상당의 부당이득을 하고 있다 할 것이므로, 원고는 우선 연 금500,000원을 청구합니다.

5. 결어

위와 같은 사유로 원고는 피고 유재○을 상대로는 이 사건 건물의 철거 및 이 사건 토지의 인도를 나머지 피고들을 상대로는 공유관계의 청산을 위한 경매 분할을 하고자 청구취지와 같은 판결을 구하기에 이른 것입니다.

답 변 서

사   건   2016 가단 ▓▓▓호 공유물분할

원   고   배순▓

피   고   김경▓ 외 6명

위 사건에 관하여 피고1. 김경▓, 피고3. 김왕▓, 피고4. 김용▓, 피고7. 유재▓은
아래와 같이 답변합니다.

청구취지에 대한 답변

1. 원고의 청구를 기각한다.
2. 소송비용은 원고의 부담으로 한다.
   라는 판결을 구합니다.

청구원인에 대한 답변

1. 이 사건 토지의 공유관계에 대하여

가. 이 사건 토지는 피고 김경▓, 피고 김왕▓, 피고 김용▓, 소외 김성▓의 부인인
소외 김종▓의 소유인 것을 2007. 4. 6. 김종▓이 위 4인의 아들에게 각 지분 1분의 1

색 증여한 토지입니다.

나. 이 사건 토지 중 경기도 평택시 서탄면 적봉리 ▒▒▒ 대 650㎡ 지상에는 미등기 및 미등록 건물이 존재하고, 이 건물은 소외 김종▒이 이 사건 토지를 매입하기 전부터 존재하던 건물로 소외 김종▒과 처인 피고 유재▒과 위 4인의 피고들이 살고 있었던 건물로 소외 김종▒이 1990. 1. 11. 이 사건 토지와 함께 매입하였으나 미등기 및 미등록 건물이므로 소유권이전등기절차를 경료하지 않고 현재까지 피고 유재▒이 살고 있습니다.

다. 위 4인의 피고 중 막내인 소외 김성▒의 채권자인 소외 권광▒가 임의경매신청으로 인하여 2016. 6. 28. 소외 김성▒의 지분 4분의 1이 원고, 피고 김명▒, 피고 이규▒, 피고 이은▒이 각 지분 16분의 1색 공동소유로 매각받았습니다.

2. 현물분할의 공평성에 대하여

가. 이 사건의 경우는 현물로 분할 할 수 없거나 분할로 인하여 현저히 그 가액이 감손될 염려가 있는 때에 해당하지도 않고, 오히려 원고의 주장 처럼 건물을 철거하면 경제적 손실이 막대해 질 뿐 아니라 현재 건물이 차지하는 부분도 피고 김경▒, 피고 김왕▒, 피고 김용▒의 지분 합계 4분의 3의 범위내이므로 건물의 사용부분에 대하여도 원고에게 보지사용료를 지급할 것도 아닙니다.

나. 원고, 피고 김명▒, 피고 이규▒, 피고 이은▒이 매각받은 지분은 소외 김성▒의 지분 4분의 1입니다.

다. 첨부된 서증인 감정평가서에 의하면 소장 첨부 목록 1.토지(이하 하천이라 함)은 하천 504㎡로 감정가는 ㎡당 241,000원이고 소장 첨부 목록 2.토지(이하 대지라 함)는 대 650㎡로 감정가는 ㎡당 305,000원입니다 .

라. 하천의 금액은 121,464,000원(=241,000원 X 504㎡), 대지의 금액은 198,250,000원(=305,000원 X 650㎡). 2필지 합계 금액은 319,741,000원입니다.

마. 319,741,000원 중 4분의 1 지분에 대한 금액은 79,928,500원(=319,741,000원 / 4)이므로 하천 332㎡(=79,928,500원 / 241,000원)에 해당하는 금액입니다.

바. 따라서 별지 지적도 등본 경기도 평택시 서탄면 적봉리 ▨▨ 하천 504㎡에 표시된 ㄱ, ㄴ, ㅁ, ㅂ을 순차로 연결한 선내 332㎡는 원고, 피고 김명▨, 피고 이규▨, 피고 이은▨이 각 4분의 1씩 소유로, ㄴ, ㄷ, ㄹ, ㅁ을 순차로 연결한 선내 172㎡ 및 경기도 평택시 서탄면 적봉리 ▨▨▨ 대 650㎡는 피고 김경▨, 피고 김왕▨, 피고 김용▨이 각 3분의 1씩 소유함이 공평하다 하겠습니다.

2016. 8. .

피 고   김경▨

김왕▨

김용▨

유재▨

수원지방법원 평택지원 민사3단독   귀중

3

2014 타경 59094
경기도 화성시 마도면 송정리

이 사건은 별로 복잡하지 않은 사건이 간단한 실수 때문에 복잡하게 변해버린 사건이다. 토지개발업자가 토지를 개발해 분양을 하려다 토지만 경매로 진행됐다. 여러 필지가 별도로 경매 진행됐으나 필자는 건축물이 건축되어 있지만 건축물관리대장이 없는 이 사건의 토지만 매각에 나온 물건에 입찰했다. 조사해본 결과, 건축허가를 받았으나 준공

2014 타경 59094 (임의)		매각기일 : 2015-12-18 10:30~ (금)			경매13계 031-210-▦▦
소재지	(▦▦▦) 경기도 화성시 마도면 송정리 ▦▦-▦				
용도	임야	채권자	▦▦농업협동조합	감정가	101,280,000원
토지면적	422㎡ (127.65평)	채무자	이만▦	최저가	(49%) 49,627,000원
건물면적		소유자	나명▦	보증금	(10%) 4,963,000원
제시외		매각대상	토지만매각	청구금액	218,834,799원
입찰방법	기일입찰	배당종기일	2015-02-26	개시결정	2014-12-15

기일현황 ▼간략보기

회차	매각기일	최저매각금액	결과
신건	2015-10-16	101,280,000원	유찰
2차	2015-11-18	70,896,000원	유찰
3차	2015-12-18	49,627,000원	매각

이수▦/입찰2명/낙찰52,000,000원(51%)
2등 입찰가 : 51,300,000원

2015-12-28	매각결정기일	허가
2016-02-12	대금지급기한 납부 (2016.01.19)	납부
2016-02-23	배당기일	완료

배당종결된 사건입니다.

만 하지 못 해 토지만 매각되는 사건이었다.

건축물을 8,000만 원에 매입하라는 요구다

낙찰 후 거주자의 집을 찾아가자 중학생 정도의 여자아이 두 명만 있었다. "부모님이 계시냐?"고 묻자 "아버지 전화번호 가르쳐 드릴게요" 한다. 전화를 해서 건축물 주인의 사무실에서 만났다. 건축주는 포클레인을 경영하는 중기업자였다.

얘기인즉 공사대금 대신 토지를 대물로 받았으며, 집은 본인이 건축했다고 한다. 토지에 설정이 있어 아직 명의이전을 받지 못 했다며, 토지개발업자와 만나서 상의하자고 해서 토지개발업자와 같이 만났다. 하지만 개발업자는 법정지상권이 있다며 협상하려는 마음이 전혀 없이 건축물을 8,000만 원에 매입하라는 요구다. 왜 8,000만 원이냐고 묻자 자기가 중기업자에게 줘야 될 금액이 8,000만 원이란다. 이 정도 되면 협상의 의지가 없지만 중기업자의 체면을 봐서 나와 준 것이다.

결국 건축물을 철거하고 지료를 청구하라는 소송을 김영○을 대상으로 제기하자 상대편에서 변호사를 고용해 답변한 것이 건축주는 나명○(개발업자의 부인)이며, 거주자는 김영○이지만 현재 무상임차인인 김영○의 소를 기각해달라는 답변서와 증거자료로 나명○ 이름으로 건축신고 서류를 제출했다. 이제야 건축물은 정식 설계해 허가를 나명○ 이름으로 받았으나 사용승인을 받지 못한 건축물임이 확인됐다.

'이것은 동시이행관계에 있다'라는 조정조서다

바로 나명○를 상대로 건물철거 및 지료청구의 소장을 제출하고, 부동산 점유이전금지 가처분을 해서 김영○을 예비적 피고로 변경신청하자 상대편 변호사가 바로 조정신청을 해 조정성립이 됐다. 조정은 '나명○가 이수○의 토지를 7,900만 원에 매입하고, 토지는 나명○에게 등기 이전한다'와 '이것은 동시이행 관계가 있다'라는 조정조서다.

조정실에서 조정이 잘 성립된 것만 생각했으며, 약속 날짜에 나명○가 토지대금을 지급하지 않을 경우 지연 이자를 지급한다는 내용을 요구하지 못 한 것이 실수의 시작이다.

조정조서에 동시이행 관계에 있다는
대목이 발목을 잡는다

나명○ 측에서는 대출을 받으려고 하나 잘 안 된다는 소식 이외에는 어떠한 움직임도 없었다.

처음부터 토지대금을 줄 생각이 없었던 것이다. 개발업자는 김영○과 이수○ 사이에 있는 사람으로 토지대금을 지급하지 않아도 직접적인 피해는 없었다. 즉 김영○에게 사기로 고소당하지 않는 행동만 하고 있었던 것이다. 대책은 현재 김영○이 사용하고 있는 건축물을 경매로 신청할 수는 있지만, 조정조서에 동시이행 관계가 있다는 대목이 발목을 잡는다. 토지대금을 받으면 토지 등기서류를 주는 것이 동시이행 관계인데, 토지등기를 안 해주기에 토지대금을 안 주고 있다는 역설적인 이야기도 가능하다. 결국 법무사와 논의해 등기 서류를 법원에 공탁하고 건축물을 경매 신청하자는 결론을 얻었다.

허가를 받아 착공한 경우 중단된 건축물도 일괄 경매로 진행된다

등기부등본이 없어도 건축허가를 받아 신청했으나 사용승인을 못 받은 경우 건물도 경매 신청이 가능하다. 정식으로 허가를 받아 착공한 경우 중단된 건축물도 일괄 경매로 진행된다. 그러나 처음부터 건축허가를 받지 아니한 경우의 건축물은 대출 및 경매 진행 시 건물도 동시에 포함한다는 각서를 제출한 경우 무허가 건물도 경매로 진행된다.

토지 등기서류를 공탁하는 것 외에는 모든 것이 경매 진행과 똑같아 경매 신청과 동시에 감정평가도 신청해야 한다. 그러나 법원에서는 무허가 건물이라며 경매 진행이 불가능하다는 감정평가사의 현황보고서를 확인하고 7일 이내에 보정하라는 명령이 나왔다.

법원에 무허가건축물로 보고하자 보정명령이 나온 것이다

왜 무허가건축물로 평가됐는지 감정평가사의 감정을 검토한 결과, 이 토지는 모 번지가 7○○−2 번지로 건축허가가 신청됐으며, 허가에 의해 토지가 여러 필지로 분할됐다. 이 토지는 7○○-10으로 분할됐기에 화성시청에서는 7○○-10번지로 건축허가를 해준 적이 없다고 하자 감정평가사도 법원에 무허가건축물로 보고해 보정명령이 나온 것이다.

필자는 이러한 경험이 많이 있었기에 바로 알 수 있었다. 독자 여러분들도 이런 경우 해당 번지의 토지대장을 확인하면 ○번지에서 분할이라는 문구를 볼 수 있으며, 허가를 내줄 때는 ○번지이며, 허가 후 분할되어 새로운 번지가 생긴다는 것을 알아두기 바란다.

감정평가사에 전화로 이러한 점을 설명해주고 감정평가서를 다시 해주기를 요청하자 7○○-10으로 건축허가를 받았었다는 근거자료로 강제경매가 시작됐다.

청구취지 및 청구원인 신청

사   건   2016 가단 ○○○○○ 토지인도 등
원   고   이수○
피   고   김영○
예비적피고   나명○

위 사건과 관련해 피고 김영○의 주장에 의하면 피고 김영○은 무상임차인에 불과하고, 건물소유자는 예비적피고 나명○라 주장하므로 원고는 다음과 같이 청구취지 및 청구원인을 변경합니다.

주위적 청구취지

1. 피고 김영○은 원고에게,
    가. 경기도 화성시 마도면 송정리 7○○-10 임야 422 ㎡ 지상의 별지 도면 표시 1, 2, 3, 4, 1의 각 점을 순차로 연결한 선내(가)부분 건물 약 100㎡를 철거하고,
    나. 위 토지를 인도하고,
    다. 2016. 1. 19.부터 위 토지의 인도일까지 월 금 422,000원의 비율에 의한 돈을 지급하라.
2. 소송비용은 피고 김영○이 부담한다.
3. 제1항은 가집행할 수 있다.
라는 판결을 구합니다.

변경된 청구원인

1. 주위적 청구취지에 관해
이 사건 건물은 미등기 무허가 건물이어서 소유자가 누구인지 특정할 수 없어 우선 실제 점유사용하고 있는 피고 김영○을 상대로 철거, 토지인도, 부당이득반환을 구합니다.

2. 예비적 청구취지에 관해
피고 김영○의 2016. 6. 10 답변서 주장에 의하면 건물주는 예비적피고 나명○이며 피고 김영○은 피고 나명○와 사용대차관계에 있다고 합니다.
따라서 만약 피고 김영○의 주장이 사실이라면 건물주인 나명○는 원고에게 건물철거 및 토지인도, 부당이득금의 반환 책임이 있으며, 피고 김영○은 이 사건 건물에서 퇴거할 의무가 있습니다.

3. 감정신청
철거대상인 이 사건 건물은 무허가 미등기 상태여서 구조, 면적, 위치 등을 특정할 수 없으므로 측량감정을 신청하오며, 지료상당의 부당이득금도 정확한 금액의 특정을 위해 지료감정을 신청합니다.
향후, 감정결과에 따라 청구취지를 변경하겠습니다.

4. 나머지 청구원인의 원용
나머지 청구원인은 기존에 진술한 소장 내용을 원용합니다.

첨 부 서 류

1. 청구취지 및 청구원인 변경신청서 부본 2통

2016. 6.   .

위 원고 이수○

수원지방법원   귀중

부동산 점유이전금지 가처분 신청

채권자 이수○(620219-○○○○○○○)
　　　　성남시 분당구 양현로 2○○, 505동 602호(야탑동, ○○○)
　　　　송달장소 : 경기도 평택시 평남로 ○○○○, 501호(동삭동, ○○빌딩)
　　　　송달영수인 : 법무사 유종○

채무자 김영○
　　　　화성시 마도면 송정리 7○○-10
　　　　연락처 010-5356-○○○○

피보전권리의 요지 : 건물철거 및 토지인도 청구권
가처분 목적물 : 별지목록 기재와 같음
목적물가액 : 금14,762,460원

신 청 취 지

1. 채무자는 별지목록 기재의 부동산에 대한 점유를 풀고 채권자가 위임하
   는 본원소속 집행관에게 그 보관을 명한다.
2. 집행관은 현상을 변경하지 아니할 것을 조건으로 해 채무자에게 이를
   사용하게 해야 한다.
3. 집행관은 위의 경우에 있어서 그 보관의 취지를 공시하기 위해 적당한
   방법을 취해야 한다.
4. 채무자는 그 점유를 타인에게 이전하거나 점유명의를 변경해서는 아니 된다.
   라는 재판을 구합니다.

신 청 원 인

1. 채권자는 수원지방법원 2014 타경 59094호 부동산임의경매사건에서 2016. 1. 19 임의경매로 인한 매각을 원인으로 경기도 화성시 마도면 송정리 7○○-10 임야 422㎡(이하 '이 사건 토지'라 함)를 취득한 소유자입니다.
   채무자는 이 사건 토지 지상의 별지기재 미등기 무허가 건물 약 83.64㎡(이하 '이 사건 건물'이라 함)을 점유, 사용하고 있습니다.

2. 이에 채권자는 채무자를 상대로 수원지방법원 2016 가단 ○○○○○ 토지인도 등 청구의 소를 제기해 현재 귀원에 계류 중에 있습니다.
   채권자의 본안청구에 대해 채무자는 2016. 6. 10 준비서면을 제출했는 바, 건물의 소유자는 신청 외 나명○이며 자신은 무상임차인(사용대차)에 불과하다고 주장합니다.

3. 채무자와 신청 외 나명○ 중 누가 이 사건 건물의 소유자인지 특정할 수 없으므로 채권자는 신청 외 나명○를 예비적 피고로 추가를 신청하고, 주위적 청구로 채무자를 상대로 건물철거 및 토지인도, 부당이득반환을 청구하고, 예비적으로 신청 외 나명○를 상대로 건물철거 및 토지인도, 부당이득금반환청구와 채무자를 상대로 이 사건 건물에서의 퇴거를 청구하는 것으로 청구취지 및 청구원인변경 신청서를 제출했습니다.

4. 보전의 필요성
   위와 같이 채무자의 주장대로 채무자가 무상임차인에 불과하다면 언제든지 이 사건 건물에서 퇴거하고 다른 사람이 점유할 가능성이 매우 높습니다.
   따라서 본안소송에서 원고가 승소판결을 득하더라도 점유자가 바뀐다면 퇴거 및 철거, 토지인도 등의 실익을 장담할 수 없는 긴박한 상황이므로 시급히 보전할 필요성이 있습니다.

5. 그리고 담보제공에 관하여는 보증보험회사와 지급보증위탁계약을 체결한 문서로 제출하고자 하오니 허가해주시기 바랍니다.

예비적 피고 추가 신청서

사　건　2016 가단 ○○○○○ 토지인도 등
원　고　이수○
피　고　김영○

위 사건과 관련해 피고 김영○의 주장에 의하면 피고 김영○은 무상임차인
에 불과하고 소외 나명○가 건물의 소유자라 하므로 원고로서는 누가 건물
소유자인지 특정할 수 없으므로 다음과 같이 소외 나명○를 예비적 피고로
추가하고자 하오니 허가해주시기 바랍니다.

- 다　음 -

예비적 피고　　　나명○(630703-*******)

　　　　　　　　화성시 남양동 ○○○○ ○○○○파크 101동 502호

첨부서류

1. 송달료추가납부영수필확인서　　1통
1. 신청서 부본　　　　　　　　　2통

2016. 6.　.

위 원고　이수○

수원지방법원 귀중

감정신청서 (건물측량 및 지료)

사   건   2016 가단 ▨▨▨ 토지인도 등
원   고   이수▨
피   고   김영▨
예비적피고   나명▨

위 사건에 관하여 원고는 ①철거대상인 건축물의 특정과 ② 지료상당의 부당이득금을 특정하기 위하여 다음과 같이 감정을 신청합니다.

　　1. 감정의 목적
　　　　1) 철거대상인 건물을 특정하기 위함
　　　　2) 정확한 지료상당 부당이득금을 산정하기 위함
　　2. 감정의 목적물
　　　　1) 경기도 화성시 마도면 송정리 ▨▨▨ 임야 422 ㎡
　　　　2) 위 지상에 존재하는 건축물
　　　　3) 위 토지의 지료
　　3. 감정사항
　　　　위 건축물의 위치, 용도, 면적, 구조 등
　　　　위 토지에 대한 적정한 지료 (토지임대료)

2016 . 6 .   .
위 원고   이수▨

수원지방법원   귀중

조정조서

수원지방법원
조 정 조 서

사   건   2016가단██████   토지인도

원   고   이수██
              성남시 분당구 양현로 ███. ████ ██████ (야탑동, ██████████)
              송달장소 평택시 평남로 ████. ██ █ (동삭동, ██████)

피   고   1. 김영██
                 화성시 마도면 송정리 ██████
                 소송대리인 변호사 강종██
              2. 나명██
                 화성시 송산면 백곡로 █████ ████ ███ (육일리, ███████)
                 ██████████

조정장 판사   조   성   ██   기   일 : 2016. 8. 25.   16:00
조 정 위 원   이   경   ██   장   소 : 본관 106호 조정실
법 원 주 사   이   상   ██   공개여부 : 공   개

원고   이수██   출석

피고1. 소송대리인 변호사 강종██   출석

피고2. 나명██   출석

다음과 같이 조정성립

조 정 조 항

1. 원고는 피고 나명██에게 2016. 11. 25.까지 화성시 마도면 송정리 ██████ 임야 422㎡에 관하여 2016. 8. 25. 매매를 원인으로 한 소유권이전등기절차를 이행한다.

2. 피고 나명██는 원고에게 2016. 11. 25.까지 위 가.항 매매대금 79,000,000원을 지

급한다.

3. 제1항과 제2항은 동시이행관계에 있다.

4. 원고의 피고 김영■■에 대한 청구 및 피고 나명■에 대한 나머지 청구를 각 포기한다.

5. 소송비용 및 조정비용은 각자 부담한다.

청 구 의 표 시

청구취지 및 청구원인 별지 기재와 같음

법 원 주 사   이   상   ■

조 정 장 판 사   조   성   ■

공탁원인사실

1. 조정성립(매매계약의 성립)

공탁자와 피공탁자 사이의 수원지방법원 2016 가단 ▒▒▒▒ 토지인도 청구사건에서 2016. 8. 25. 조정이 성립되었는 바, 조정조항은 다음과 같습니다.

1. 원고 이수▒은 피고 나명▒에게 2016. 11. 25. 까지 화성시 마도면 송정리 ▒▒ 임야 422㎡에 관하여 2016. 8. 25. 매매를 원인으로 한 소유권이전등기절차를 이행한다.
2. 피고 나명▒는 원고 이수▒에게 2016. 11. 25. 까지 매매대금 금79,000,000원을 지급한다.
3. 제1항과 제2항은 동시이행관계에 있다.
4. 원고의 피고 김영▒에 대한 청구 및 피고 나명▒에 대한 나머지 청구를 각 포기한다.
5. 소송비용 및 조정비용은 각자 부담한다.

결국, 위 조정에 의하여 공탁자 소유의 화성시 마도면 송정리 ▒▒ ▒번지 토지에 대하여 대금을 금79,000,000원으로, 잔대금지급기일은 2016. 11. 25.로 한 2016. 8. 25. 자 매매계약이 성사되었습니다.

2. 피공탁자의 수령거절 및 이행지체

위 매매계약의 약정 잔대금 지급기일인 2016. 11. 25. 공탁자는 소유권이전등기에 필요한 모든 서류를 준비하고 매매잔대금 금79,000,000원의 지급을 피공탁자에게 요구하였으나, 피공탁자는 대금지급 의무를 이행하지 아니하였고, 이에 공탁자는 2016. 11. 30. 내용증명으로 이행을 촉구하였으나, 내용증명으로 유예해준 2016. 12. 31. 까지도 대금지급 의무를 이행하지 아니하므로 공탁자는 부득이 공탁자의 소유권이전등기절차 의무 이행을 위하여 이건 물품공탁에 이르게 되었습니다.

[제1-8호 양식]

물품 공탁서

공 탁 번 호	2017 년물제 2 호	2017.02.23 년 월 일 신청	법령조항	민법 제487조

공탁자	성 명 (상호, 명칭)	이수█	피공탁자	성 명 (상호, 명칭)	나명█
	주민등록번호 (법인등록번호)	620219-2█████		주민등록번호 (법인등록번호)	630703-2█████
	주 소 (본점, 주사무소)	서울특별시 서초구 효령로34길 ██████████		주 소 (본점, 주사무소)	경기도 화성시 서신면 해안길████
	전화번호	010-7277-████		전화번호	

공 탁 물 품			공탁원인사실	별지 기재와 같음
명 칭	종 류	수 량		
등기필증	화성등소발행	1통 (5매)		
등기위임장	공탁자작성	1통 (1매)	1. 공탁으로 인하여 소멸하는 질권, 전세권 또는 저당권	반대급부 : 부동산매매대금 금79,000,000원 지급
매도용인감증명서	방배3동장발행	1통 (1매)		
주민등록초본	방배3동장발행	1통 (3매)	2. 반대급부 내용	
			보 관 자	
			비 고	

위와 같이 신청합니다.

공탁자 성명 이수██ 인

대리인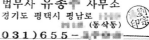
법무사 유종█ 사무소
경기도 평택시 평남로 ████
(동삭동)
031)655-█████

위 공탁을 수리합니다.

공탁물품을 2017.02.2█까지 위 보관자에게 납입하시기 바랍니다.

위 납입기일까지 공탁물품을 납입하지 않을 때는 이 공탁 수리결정의 효력이 상실됩니다.

년 2017.02.23 일

법원 지원 공탁관 수원지방법원 공탁관 최 원█

(영수증) 위 공탁물품이 납입되었음을 증명합니다.

년 2017.02.2█ 일

공탁물보관자 (주)신한은행 수원법원지점

접수 No.█ 2017.02.23

※ 1. 서명 또는 날인을 하되, 대리인이 공탁할 때에는 대리인의 성명, 주소(자격자대리인은 사무소를 기재하고 대리 ████████ 날인하여야 합니다.
2. 공탁통지서를 발송하여야 하는 경우, 공탁금을 납입할 때 우편료(피공탁자 수 × 1회 발송)도 납부하여야 합니다
(공탁신청이 수리된 후 해당 공탁사건번호로 납부하여야 하며, 미리 예납할 수 없습니다).
3. 공탁서는 재발급 되지 않으므로 잘 보관하시기 바랍니다.

신한은행

법원보관금 영수필통지서(법원제출용)

은행번호: 201700▮▮

법원명	수원지방법원	사건번호	2017-타경-▮▮▮▮
물건번호	1	납부금액	2,871,560 원
보관금종류	경매예납금		
납부자성명	이수▮	주민(사업자)등록번호	620219-▮▮▮▮▮
납부자주소	06705 서울 서초구 효령로▮▮ ▮▮ ▮▮ ▮ ▮▮▮▮▮ ▮▮▮▮▮▮▮	전화번호	010-7277-▮▮▮
환급계좌번호	국민은행 390402040▮▮▮▮	법원관리점	수원법원 지점

위의 보관금이 납부되었음을 알려드립니다.
2017.04.04 (10:09)

2017006215

신한은행 수원법원 지점
 신한은행

✂ ---

 신한은행

법원보관금 영수증서(납부자용)

은행번호: 201700▮▮

법원명	수원지방법원	사건번호	2017-타경-▮▮▮▮
물건번호	1	납부금액	2,871,560 원
보관금종류	경매예납금		
납부자성명	이수▮	주민(사업자)등록번호	620219-▮▮▮▮
납부자주소	06705 서울 서초구 효령로▮ ▮▮▮ ▮▮▮ ▮ ▮▮▮ ▮▮▮▮▮ ▮	전화번호	010-7277-▮▮▮
환급계좌번호	국민은행 390402040▮▮▮	법원관리점	수원법원 지점

위의 보관금이 납부되었음을 알려드립니다.
2017.04.04 (10:09)

2017006215

신한은행 수원법원 지점
 신한은행

* 위의 내용이 정상적으로 처리되었음을 확인합니다.
* 위 명세는 고객 편의를 위해 제공되는 것으로, 거래의 참고용으로만 사용하실 수 있습니다.

보 정 서

사　　건　　2017 타경 ░░░ 부동산강제경매
채 권 자　　이수░
채 무 자　　나명░
소 유 자　　나명░

위 사건과 관련하여 채권자는 귀원의 보정명령에 따라 미등기건물에 대한
현황조사 예상감정료를 납부하였기에 첨부서류를 제출합니다.

첨부서류

1. 경매예납금 영수필확인서　　1통

2017.　4.　　　.

위 채권자　이수░

수원지방법원　경매17계　　귀중

수 원 지 방 법 원
보 정 명 령

등본입니다.

2017. 06. 13

사　　　건　　2017타경6299 부동산강제경매

채　권　자　　이수■

채　무　자　　나명■

소　유　자　　채무자와 같음

귀하는 이 명령이 송달된 날로부터 7일 안에 다음 흠결사항을 보정하시기 바랍니다.

흠 결 사 항

미등기건물에 대한 현황조사보고서상 본 건물은 건축허가을 받지않은 무허가 건물입니다.현
황조사보고서를 확인하여 주시기 바랍니다.

2017. 6. 13.

사 법 보 좌 관　　김 학 ■

※ 각 법원 민원실에 설치된 사건검색 컴퓨터의 발급번호조회 메뉴를 이용하거나, 담당 재판부에 대한 문의를 통
하여 이 문서 하단에 표시된 발급번호를 조회하시면, 문서의 위, 변조 여부를 확인하실 수 있습니다.

2017-0095724112-9F1ED 　　　　　　　　　　　　　　　　　　　　　　　　　1/1

부 본

사　　건 : 2017타경████ 부동산강제경매
채 권 사 : 이 수 █
채 무 사 : 나 명 █
소 유 사 : 나 명 █

감 정 서

경기도 화성시 마도면 송정리 ████ ██
위 시상

2017.　04.　28.

감정인 김 영 █

 수원지방법원 집행관사무소 귀중

제 출 문

사　건　2017타 경   부동산강제경매

채 권 자　이 수

채 무 자　나 명

소 유 자　나 명

본 건 건축물의 감정 업무를 수행함에 있어, 위상 현황조사 명령(2017년 01월 11일)에 따라, 감정신청서의 내용과 지시사항을 기준으로 현장을 조사, 확인하고 제반 자료와 기술서 검토에 의하여 본 감정서를 작성하였기에 서명 날인하여 보고합니다.

2017.　04.　28.

감정인 : 김 영

사 무 소 : (주)   종합건축사사무소

주　　소 : 서울시 서초구 남부순환로

전　　화 : (02)522-

이 메 일 :

수원지방법원 집행관사무소 귀중

감정 수행 경과 보고

1. 감정의 진행사항

1) 2017 년 04 월 11 일
   ▶ 미등기건물 현황조사 의뢰 및 진행 요청
   (수원지방법원 집행관사무소)

2) 2017 년 04 월 14 일
   ▶ 화성시청 건축허가(신고) 관련사항 협의

3) 2017 년 04 월 19 일 (17:00)
   ▶ 현장조사 실시(화성시청 문서 발송이 지연되어 우선 현장조사 실시함)
   ▶ 현황 실측조사

4) 2017 년 04 월 19 일 ~ 04 월 28 일
   ▶ 설계도면 분석 및 검토
   ▶ 현황도면 작성

5) 2017 년 04 월 20 일
   ▶ 화성시청 공문발송(관련 토지지번 건축물 신축여부 확인 공문)

6) 2017 년 04 월 26 일
   ▶ 화성시청 담당공무원 면담(토지지번 관련)

7) 2017 년 04 월 28 일
   ▶ 감정보고서 완료 및 제출

2. 감정서 제출 목록

구 분	제출도서 및 서류	제출부수	비고
감정서	감정보고서	4부	원본(1부) 부본(3부)

부동산 강제경매 신청
(미등기건물의 직권보존등기 후 경매)

채권자   이수■■ (620219-■■■■■■)
            서울 서초구 효령로34길 ■■ ■■ ■■■(방배동, ■ ■■■■)
            송달장소 : 평택시 평남로 ■■■ ■■■(동삭동, ■■ ■ ■■■)
            송달영수인 : 법무사 유종■

채무자   나명■■ (630703-■■■■■)
겸 소유자   화성시 서신면 해안길■■■■■ ■
            집행권원상주소 : 화성시 송산면 백곡로 ■■ ■■■ ■■■
                 (육일리, ■■■■ ■ ■ ■■■■■■■)

경매할 부동산의 표시

별지목록 기재와 같음

청 구 금 액

원금 금79,000,000원 및 이에 대하여 2017. 2. 24.부터 다 갚는 날까지 연 5%
의 비율로 계산한 금원

청 구 취 지

채권자가 채무자에 대하여 가지고 있는 위 청구금액의 변제에 충당하기 위
하여 별지목록 기재 부동산에 대하여 강제경매개시결정을 한다
라는 결정을 구합니다.

2017 타경 6299 (강제)		매각기일 : 2018-10-18 10:30~ (목)		경매17계 031-210-■■■	
소재지	경기도 화성시 마도면 송정리 ■■ ■■				
용도	주택	채권자	이○○	감정가	73,552,700원
토지면적	토지 매각제외	채무자	나○○	최저가	(24%) 17,660,000원
건물면적	90.42㎡ (27.35평)	소유자	나○○	보증금	(30%) 5,298,000원
제시외	6.25㎡ (1.89평)	매각대상	건물만매각	청구금액	79,000,000원
입찰방법	기일입찰	배당종기일	2017-10-23	개시결정	2017-07-21

기일현황 ▽ 간략보기

회차	매각기일	최저매각금액	결과
신건	2018-03-09	73,552,700원	유찰
2차	2018-04-11	51,487,000원	유찰
3차	2018-05-11	36,041,000원	유찰
4차	2018-06-19	25,229,000원	유찰
5차	2018-07-19	17,660,000원	매각
이한■/입찰1명/낙찰20,500,000원(28%)			
	2018-07-26	매각결정기일	허가
	2018-09-05	대금지급기한	미납
5차	2018-10-18	17,660,000원	매각
김숙■/입찰1명/낙찰21,350,000원(29%)			
	2018-10-25	매각결정기일	허가
	2018-12-04	대금지급기한 납부 (2018.11.27)	납부
	2018-12-17	배당기일	완료
배당종결된 사건입니다.			

이해관계인 제보

2013 타경 5882
충청남도 부여군 부여읍 신정리

2013 타경 5882 (임의)		매각기일 : 2014-07-14 10:00~ (월)		경매 3계 041-746-■■■	
소재지	(■■■) 충청남도 부여군 부여읍 신정리 ■■■ 외4필지				
용도	대지	채권자	이재■	감정가	96,524,200원
토지면적	3385㎡ (1023.96평)	채무자	정봉■	최저가	(64%) 61,775,000원
건물면적		소유자	정봉■ 外	보증금	(10%) 6,178,000원
제시외	제외 : 243.5㎡ (73.66평)	매각대상	토지만매각	청구금액	35,000,000원
입찰방법	기일입찰	배당종기일	2014-02-17	개시결정	2013-11-18

기일현황 ▼간략보기

회차	매각기일	최저매각금액	결과
신건	2014-05-12	96,524,200원	유찰
2차	2014-06-09	77,219,000원	유찰
3차	2014-07-14	61,775,000원	매각
	낙찰 72,330,000원 (75%)		
	2014-07-21	매각결정기일	허가
	2014-08-27	대금지급기한 납부 (2014.08.22)	납부
	2014-09-26	배당기일	완료
	배당종결된 사건입니다.		

사건 개요

이 사건의 시작은 성격 급한 필자의 권리분석 실수와 현장답사 실수 처리과정에서 소유주의 사망이 겹친 사건이다. 첫 번째 실수는 건축물관리대장에 김순○으로 1948년도에 사용승인이 되어 있으며, 토지는 1992년도 김관○가 매매로 취득한 것으로 되어 있었고, 김관○가 다시 2004년 정순○에게 매도한 것으로 되어 있었다. 법정지상권이 없는 것으로 권리분석한 것이 실수의 시작이고, 두 번째 실수는 현장답사 시 거주자가 없는 것으로 판단한 것이 치명적인 실수였다.

정순○으로 명의 신탁한 것임을 알 수 있었다

낙찰 받고 잔금을 낸 후 이웃에 알아보니 김관○의 모친이 거주하고 있으며, 현재 90세이지만 건강해 한 달에 한 번씩 찾아오는 김관○에게 김치도 담가 주며, 낮에는 마을회관에 있다가 어두워지면 집으로 돌아온다. 그 소리를 듣고 김관○가 정순○에게 매도했는데 왜 김관○의 엄마가 아직 거주하고 있을까 생각하며 등기부등본을 자세히 보니 김관○가 정순○으로 명의 신탁한 것임을 알 수 있었다.

그 이유로는 김관○ 토지가 강제경매 개시 후 취하됐고, 취하 후 정순○의 이름으로 매매가 되어 있으며, 아직 그 집에 김관○의 모친이 거주하고 있다는 것으로 미루어 명의신탁으로 판단했으나 입찰 당시는 이러한 사실을 모르고 있었다.

나와 얘기할 때만 안 들린다고 한다

건축물관리대장을 확인했더니 등기부등본은 없어도 김관○의 부친이 김순○이며, 현재 김관○의 모친이 거주하고 있기에 김관○를 만나려 해도 어디에 거주하는지, 전화번호가 어떻게 되는지를 알 수 없었다. 낮에 마을회관을 찾아가 김관○의 모친을 만나 물어보니 처음에는 사건의 내막을 파악한 김관○의 모친은 무슨 소리인지 안 들린다며 동문서답만 한다.

그러면서도 마을 사람들과 얘기할 때는 잘 들린다. 나와 얘기할 때만 안 들린다고 한다. 하는 수 없이 등기부등본상의 정순○의 주소로 찾아갔으나 정순○이 이사 간 지 오래됐다며, 어디에 거주하는지 모른다는 말을 들었다. 아마 채권자는 김관○나 정순○을 알 수 있을 것 같아 채권자 이재○의 집을 찾아 김관○나 정순○의 연락처를 물어보았으나 사채업자의 소개로 돈을 빌려주고 설정했을 뿐 연락처는 모르고 얼굴도 못 봤다는 답변이다.

○○공인중개사가 있는데 그곳이
정순○이 운영하는 공인중개사야

생각하다가 신정리의 마을회관을 찾아갔다. 신정리 마을회관은 여자들이 쓰는 곳과 남자들이 사용하는 곳이 달랐다. 남자들이 사용하는 곳은 팔각정을 2층으로 만들어 2층에 유리로 창문을 만들고 에어컨도 설치했으며 60인치 정도의 TV도 있다. 여기를 찾아가니 10여 명의 노인들이 있기에 노인들을 향해 절을 하고 신정리 김관○의 집을 경매로 낙찰 받아 이사 오려고 하는데, 김관○의 연락처나 정순○의 연락처를 몰라 어려움이 있다고 말했다. 두 사람 중 한 사람 연락처를 가르쳐 달라고 하자 한 노인이 "논도 샀어?" 하며 물어본다. "네"라고 답하자 "농사는 지을 줄 알고?" 다시 묻기에 "이제 배워가며 할 예정"이라고 답하자 그분이 말한다.

"부여로 들어가는 입구에 농협이 있어. 농협 맞은편에 ○○공인중개사가 있는데, 그곳이 정순○이 운영하는 공인중개사야."

이제야 정순○에게 연락할 수 있는 근거를 찾았다. 바로 ○○공인중개사로 찾아가 정순○을 만나 김관○의 연락처를 가르쳐 달라고 하자 전화번호를 적어 놓고 가면 김관○에게 물어봐서 전화해줄 테니 가서 기다리라는 말을 듣고 중개사사무소를 나왔다.

토지를 다시 매입할 예정이니
두 달 정도만 시간을 주세요

며칠 후 정순○에게 전화를 걸자 김관○의 전화번호를 가르쳐준다. 바로 김관○와 연락해 인천에서 김관○를 처음 만났다. 그는 "어머니가 아직 살아계시고 그곳에 거주하고 있습니다. 제가 곧 토지를 다시 매입할 예정이니 두 달 정도만 시간을 주세요"라고 말한다.

필자도 뾰족한 방법이 없기에 "기다릴 테니 약속 꼭 지켜 주십시오!

상황에 따라 자주 전화 합시다"라고 말했다. 그랬더니 김관○는 "염려 마세요. 모친이 거주하고 있는데 제가 딴소리하겠습니까?"라고 답했다.

이렇게 헤어지고 난 후 3개월, 4개월이 지나도 연락이 없었고, 전화도 받지 않았다. 소송을 시작하려 하니 소송 상대자인 김관○의 전화번호만 알 뿐 주소도 모르고, 주민번호도 모르기에 소송을 시작할 수 없었다. 이제는 김관○의 주민등록상 주소를 알아내야 했다. 지금은 웃으며 이 글을 쓰지만 이 당시는 정말 답답했다. 생각하다 못해 ○○센터에 전화를 걸었다. 예전에 거주하던 집주소와 주민번호 앞자리 또는 전화번호만 알면 현재 주민등록상 주소는 알 수 있다고 해서 의뢰했다. 김관○의 주민등록상 주소를 알아 소송을 제기했으나 결과는 김관○가 사망했다는 사실만 확인했다.

우선 건물철거만 판결하고

다시 상속자들을 찾아 소송했으나 송달은 됐지만 무변론 무대응이다. 상대가 재판에 불출석하자 판사님은 건물철거는 판결할 수 있으나 지료에 관해서는 지료감정신청을 해야 판결할 수 있다며, 우선 건물철거만 판결하고 지료감정신청 후 지료는 별도로 판결하겠다며 건물철거에 관해서만 판결했다. 따라서 지료청구만 별도로 소송했으며, 동시에 감정을 신청해 감정가격이 나와서 법원에 제출했다. 그러자 이번에는 1,000만 원이 넘기에 부여 간이재판소에서 논산지원으로 소송을 이송한다는 법원의 서류에 정말 왜 이리도 꼬이는가 싶어 한숨만 나왔다.

감정평가사의 매각 물건 사진

지료 총 1,800만 원과 현재 토지에 건축된 건물과
상계하라는 화해 결정문

결국 지료감정신청에 의해 연 600만 원의 지료를 지급하라는 판결문을 받았으며, 이 판결문을 기초로 낙찰 받을 때부터 3년 동안 연 600만 원의 지료 총 1,800만 원과 현재 토지에 건축된 건물과 상계하라는 화해 결정문을 받았다. 이러는 동안 김관○의 모친은 요양병원으로 입원하고 주택은 비어 있었다. 현장에는 김관○ 모친이 사용하던 집기는 그대로 있었다.

화해 결정문은 가뭄에 마른 비와도 같았다. 그러나 화해 결정문이 김관○의 상속자들에게 송달이 되지 않아 화해 결정문도 없던 일이 되어 버렸다.

다시 화해 결정문으로 판결을 해달라는 청구 취지변경에 대한 소송을 다시 제기했다. 그러면서 공인중개사에게 화해 결정문을 보여주니 현재 건축된 주택도 매도가 가능하다는 설명에 바로 매도했다. 매도 후 두 달 정도 지나 중개사에서 연락이 왔다. 요양병원에 있는 김관○ 모친의 양아들이라고 주장하며, 왜 양어머니의 집을 마음대로 차지하려고 하느냐며 문을 잠궜다고 했다. '끝까지 말썽을 부리는구나' 생각하고, 모든 서류를 들고 김관○ 모친의 양아들을 찾아 당신이 김관○ 모친의 아들을 대신한다면 지료를 내놓아야 한다고 설명하고, 지료를 내놓든지, 집을 내주든지 하라는 말에 모든 일이 끝났다. 한 편의 드라마가 끝난 것 같은 느낌이었다.

소　장

원 고　　1. 김민○(740903-*******)

　　　　　　서울 성동구 난계로 ○○○-31,

　　　　　　101동 1415호(하왕십리동, ○○○○○○)

　　　　2. 이영○(490602-*******)

　　　　　　서울 송파구 올림픽로○○길 ○○○, 2동 202호

　　　　　　(신천동, ○○아파트)

　　　　3. 김주○(630511-*******)

　　　　　　서울 관악구 승방○길 ○○-17, 2동 203호

　　　　　　(남현동, ○○○아파트)

위 원고들의

송달장소 : 평택시 평남로 ○○○○, 501호 (동삭동, ○○빌딩)

송달영수인 : 법무사 ○○

피 고　　　김관○(570920-*******)

　　　　　　충남 부여군 부여읍 대울로 ○○○번길 ○○-2

토지인도 등 청구의 소

청구취지

1. 피고는 원고들에게 별지1 목록 기재 1, 2 토지 지상의 별지2 지적개황
　도 및 별지3 건물개황도 기재 건물을 철거하고, 위 각 토지를 인도하라.
2. 피고는 원고들에게 각 2014년 8월 22일부터 위 토지인도 완료일까지

연 금2,000,000원의 비율에 의한 금원을 지급하라.
3. 소송비용은 피고가 부담한다.
4. 제1항 및 제2항은 가집행할 수 있다.
라는 판결을 구합니다.

청구원인

1. 원고들의 토지소유권 취득
  원고들은 2014. 8. 22에 충남 부여군 부여읍 신정리 ○○○−1 대
  414㎡ 및 같은 곳 ○○○−1 답 2,009㎡(이하 '이 사건 토지'라 함)를
  대전지방법원 논산지원 2013 타경 5882호 부동산임의경매 사건에서
  각 3분의 1 지분으로 공동으로 경락 취득했습니다.

2. 피고의 건물소유
  한편 같은 곳 1○○−1번지 지상의 ㉠ 목조 기와지붕 단층 주택 60.4
  ㎡, ㉡ 흙벽돌조 함석지붕 창고 16.2㎡, ㉢ 흙벽돌조 기와지붕 창고
  32.2㎡, ㉤ 조적조 기와지붕 보일러실 1㎡ 및 같은 곳 ○○○−1번지
  지상의 ㉣ 블록조 스레트지붕 축사 133.7㎡(이하 '이 사건 건물'이라
  함)는 피고가 이 사건 토지를 1992년 10월 5일에 매수할 당시 함께
  매수한 것인데, 등기를 하지 아니하고 현재까지 소유하고 있습니다.
  1○○−1번지 지상건물은 건축물대장이 존재하며, 최초의 소유자로 김
  순○이 등재되어 있으나, 실질상 소유자 및 처분권한자는 피고입니다.
  2○○−1번지 지상의 건물은 건축물대장도 작성되지 않은 무허가 건
  물이나 이 또한 피고가 실질적 소유자의 지위에 있습니다.

3. 건물철거 및 토지인도 청구
  따라서 피고는 이 사건 건물을 소유함으로써 원고들의 이 사건 토지의

소유권을 침해하고 있는 바, 피고는 이 사건 건물의 철거하고 이 사건 토지 두 필지를 원고들에게 인도할 의무가 있다 할 것입니다.

한편 철거할 이 사건 건물의 현황은 건축물대장과 차이가 있는 바, 대전지방법원 논산지원 2013 타경 ○○○○호 부동산임의경매 사건의 감정평가 시 실제현황을 조사한 바 있고, 그대로 별지 도면 및 건물 표시로 인용했으므로 따로 측량감정 등의 절차는 생략해주시기 바랍니다.

4. 차임상당 부당이득의 청구

피고는 건물소유를 통해 원고들에 대해 차임상당의 부당이득을 하고 있다 할 것이므로 우선 대략적으로 원고들 각자(지분에 따라)에게 1년에 200만 원씩을 청구합니다.

이 부분 소송 진행 중 지료감정을 통해 청구취지를 변경하겠습니다.

5. 결어

이상과 같이 피고는 이 사건 건물의 소유를 통해 원고들의 이 사건 토지 소유권을 침해하고 있고, 임료 상당액을 부당이득하고 있다 할 것이므로 피고는 이 사건 건물을 철거하고 이 사건 토지를 인도하며, 원고들이 이 사건 토지의 소유권을 취득한 시점부터 인도완료 시까지 임료상당의 부당이득금을 반환할 의무가 있다 할 것이므로 원고들은 청구취지와 같은 판결을 구하기에 이른 것입니다.

입증방법

1. 갑 제1호증의 1, 2 부동산등기사항증명서 각 1통
1. 갑 제2호증의 1, 2 토지대장   각 1통
1. 갑 제3호증   건축물대장   1통
1. 갑 제4호증   감정평가서   1통

대전지방법원 논산지원 부여군법원

보 정 명 령

사　　　건　　　2016가소■▐ 토지

원　　　고　　　김민✚ 외 2명

피　　　고　　　김관■

원고는 이 명령이 송달된 날로부터 10일 안에 다음 흠결 사항을 보정하시기 바랍니다.

흠 결 사 항

피고 김관■의 상속인 김세■(840317-■▐■), 김영■(860619-■▐■)의 주민등록
표초본을 발급받아 상속인들로 소송수계신청을 하시기 바랍니다.

2016. 10. 19.

판사　　김　나　▐

2016-0079494167-83SRH　　　　위변조 방지용 바코드 입니다.　　　　1 / 2

소송수계신청

〈본안용〉
10/24

사 건   2016 가소 ▇▇ 지료
원 고   김민▇ 외2
피 고   김관▇

위 사건과 관련하여 소송진행 중 피고 김관▇가 2016. 6. 21. 사망하였으므로 원고는 민사소송법 제233조 제1항 및 제241조에 의거하여 아래와 같이 상속인들에 대하여 소송수계신청을 합니다.

피고 망 김관▇의 소송수계인

    1. 김세▇ (840317-▇▇▇▇▇▇)
       서울 은평구 가좌로11길 ▇▇ ▇▇▇(신사동)
    2. 김영▇ (860619-▇▇▇▇▇▇)
       서울 은평구 가좌로11길 ▇▇ ▇▇▇(신사동)

첨부서류

1. 기본증명서　　　　1통
1. 가족관계증명서　　1통
1. 주민등록초본　　　2통

2016. 10.　　.

위 원고 김민▇

대전지방법원 논산지원 부여군법원 귀중

기 본 증 명 서

[폐쇄]

등록기준지	충청남도 부여군 부여읍 ■■■■■■ ■■

구 분	상 세 내 용
작성	[가족관계등록부작성일] 2008년 01월 01일 [작성사유] 가족관계의 등록 등에 관한 법률 부칙 제3조제1항
정정	[도로명주소기록일] 2011년 12월 12일 [경정전] 충청남도 부여군 부여읍 ■■■ ■■■■ [경정후] 충청남도 부여군 부여읍 ■■■■■■■■ [경정사유] 도로명주소법 제20조
폐쇄	[폐쇄일] 2016년 06월 24일 [폐쇄사유] 사망

구분	성 명		출생연월일	주민등록번호	성별	본
본인	김관■■(金官■)	사망	1957년 09월 20일	570920-■■■■■	남	金海

일반등록사항

구 분	상 세 내 용
출생	[출생장소] 부여군 부여읍 ■■■■■■■■ [신고일] 1957년 09월 25일 [신고인] 부
사망	[사망일시] 2016년 06월 21일 19시 40분 [사망장소] 충청남도 부여군 ■■■ ■■■ ■■ [신고일] 2016년 06월 24일 [신고인] 비동거친족 김영■ [처리관서] 서울특별시 강서구

위 기본증명서는 가족관계등록부의 기록사항과 틀림없음을 증명합니다.

가 족 관 계 증 명 서

[폐쇄]

등록기준지	충청남도 부여군 부여읍 ▓▓▓▓▓▓

구분	성 명	출생연월일	주민등록번호	성별	본
본인	김관▓(金官▓) 사망	1957년 09월 20일	570920-▓▓▓▓▓	남	金海

가족사항

구분	성 명	출생연월일	주민등록번호	성별	본
부	김순▓				남
모	김덕▓(金德▓)	1927년 01월 04일	270104-▓▓▓▓	여	慶州
자녀	김세▓(金세▓)	1984년 03월 17일	840317-▓▓▓▓	여	金海
자녀	김영▓(金榮▓)	1986년 06월 19일	860619-▓▓▓▓	남	金海

위 가족관계증명서는 가족관계등록부의 기록사항과 틀림없음을 증명합니다.

2016년 10월 14일

경기도 평택시장 공재광

발급시각 : 17시 07분
발급담당자 : 이진▓
☎ : 031-8024-▓▓
신청인 : 주효▓

```
0169S
평택시
1,000원
2016.10.14
TBD001
증지발행시각:17.07.22.008
```

경기도 평택시장

(수입증지가 인영이 되지 아니한 증명은 그 효력을 보증할 수 없습니다)

대전지방법원 논산지원

판　　　　결

사　　　　건　　2015가단■■■ 토지인도 등

원고(선정당사자)　　이영■

　　　　　　　　　　서울 송파구 올림픽로■■■ ■■ ■■ ■■■(신천동, ■■■■■)

피　　　　고　　김판■

　　　　　　　　　　최후주소　충남 부여군 부여읍 ■■■■■■ ■

변 론 종 결　　2016. 3. 24.

판 결 선 고　　2016. 4. 7.

주　　　　문

1. 피고는 원고(선정당사자) 및 별지1 목록 기재 선정자들에게,

　가. 별지2 목록 제1항 기재 토지 중 별지3 도면 표시 1~4, 1의 각 점을 차례로 연결
　　　한 선내 (가) 부분 60.4㎡ 지상 목조 기와지붕 단층주택, 별지3 도면 표시 5~8, 5
　　　의 각 점을 차례로 연결한 선내 (나) 부분 16.2㎡ 지상 흙벽돌조 함석지붕 창고,
　　　별지3 도면 표시 9~15, 9의 각 점을 차례로 연결한 선내 (다) 부분 32.2㎡ 지상
　　　흙벽돌조 기와지붕 창고, 별지3 도면 표시 16~19, 16의 각 점을 차례로 연결한
　　　선내 (라) 부분 1㎡ 지상 조적조 기와지붕 보일러실을 각 철거하고, 위 (가) 내지
　　　(라) 부분 각 토지를 인도하고,

　나. 별지2 목록 제2항 기재 토지 중 별지3 도면 표시 20~23, 20의 각 점을 차례로

2016-0067643728-02B4E

연결한 선내 (마) 부분 133.7㎡ 지상 블록조 슬레이트지붕 축사를 철거하고, 위

(마) 부분 토지를 인도하라.

2. 소송비용은 피고가 부담한다.

3. 제1항은 가집행할 수 있다.

청 구 취 지

주문과 같다.

이   유

1. 청구의 표시

별지4 청구원인 기재와 같다.

2. 근거

공시송달에 의한 판결(민사소송법 제208조 제3항 제3호)

판사   강지▮ <u>강 지 ▮</u>   ▮인

2016-0067643728-02B4E   위변조 방지용 바코드 입니다   2 / 8

316   이것이 진짜 실수한 부동산 투자다

소 장

원 고　　1. 김민○(740903-*******)
　　　　　서울 성동구 난계로 ○○○-31,
　　　　　101동 1415호(하왕십리동, ○○○○○○)

　　　　2. 이영○(490602-*******)
　　　　　서울 송파구 올림픽로○○길 104,
　　　　　2동 202호(신천동, ○○아파트)

　　　　3. 김주○(630511-*******)
　　　　　서울 관악구 승방○길 ○○-17,
　　　　　2동 203호(남현동, ○○○아파트)

　　　　위 원고들의
　　　　송달장소 : 평택시 평남로 ○○○○, 501호(동삭동, ○○빌딩)
　　　　송달영수인 : 법무사 ○○

피 고　　김관○(570920-*******)
　　　　　충남 부여군 부여읍 대울로 ○○○번길 2-3

지료 청구의 소

청 구 취 지

1. 피고는 원고들에게 2014. 8. 22부터 별지목록 기재 토지의 인도 완료
   일까지 연 금 6,000,000원의 비율에 의한 금원을 지급하라.
2. 소송비용은 피고가 부담한다.
3. 제1항은 가집행할 수 있다.
라는 판결을 구합니다.

청 구 원 인

1. 원고들의 토지소유권 취득
   원고들은 2014년 8월 22일에 충남 부여군 부여읍 신정리 ○○○-1
   대 414㎡ 및 같은 곳 ○○○-1 답 2,009㎡(이하 '이 사건 토지'라 함)
   를 대전지방법원 논산지원 2013 타경 ○○○○호 부동산임의경매 사
   건에서 각 3분의 1 지분으로 공동으로 경락 취득했습니다.

2. 피고의 건물소유 및 건물철거 및 토지인도 판결
   한편 별지목록 제1 기재 토지 지상에 존재하는 목조 기와지붕 단층주
   택 60.4㎡, 흙벽돌조 함석지붕 창고 16.2㎡, 흙벽돌조 기와지붕 창고
   32.2㎡, 조적조 기와지붕 보일러실 1㎡와 별지 목록 제2 기재 토지 지
   상에 존재하는 블록조 스레트지붕 축사 133.7㎡는 피고가 이 사건 토
   지를 1992. 10. 5. 매수할 당시 함께 매수한 것인데, 등기를 하지 아
   니하고 현재까지 소유하고 있습니다.
   위 ○○○-1번지 지상건물은 건축물대장이 존재하며 최초의 소유자
   로 김순○이 등재되어 있으나, 실질상 소유자 및 처분권한이 있는 자
   는 피고입니다.
   위 ○○○-1번지 지상의 건물은 건축물대장도 작성되지 않은 무허가

건물이나 이 또한 피고가 실질적 소유자의 지위에 있습니다.

위와 같은 사유로 원고들은 피고를 상대로 귀원 2015 가단 ○○○○ 호로 이 사건 건물의 철거와 이 사건 토지의 인도를 명하는 판결을 득했습니다.

3. 지료의 청구

피고는 건물소유를 통해 원고들 소유의 이 사건 토지에 대해 원고들이 소유권을 취득한 2014. 8. 22부터 토지인도완료일까지 차임상당의 부당이득을 하고 있다 할 것이므로 우선 대략적으로 원고들 각자에게 1년에 200만 원씩 총 600만 원의 지료를 청구합니다.

정확한 지료는 소송 진행 중 지료감정을 통해 청구취지를 변경하겠습니다.

4. 결어

위와 같은 사유로 원고들은 이 사건 청구취지와 같은 판결을 구하기에 이른 것입니다.

감 정 신 청 서

사건번호　2016 가소　　지료청구　　[담당재판부 : 제　　(단독)부]
원　　　고　김민○ 외2
피　　　고　김관○

　　위 사건에 관해 원(피)고는 다음과 같이 감정을 신청합니다.

　　1. 감정의 목적
　　　　정확한 지료를 산정하기 위함

　　2. 감정의 목적물
　　　　1) 충청남도 부여군 부여읍 신정리 1○○−1 대 414 ㎡
　　　　2) 충청남도 부여군 부여읍 신정리 2○○−1 답 2,009 ㎡

　　3. 감정사항
　　　　위 1), 2) 부동산의 적정한 지료(토지임대료)

　　　　　　　　　　　2016 . 5 .　 .

　　　　　　　　위 원고　　김민○
　　　　　　　　　　　　　　이영○
　　　　　　　　　　　　　　김주○

　　　　　　대전지방법원 논산지원　　귀중

대전지방법원 논산지원

결   정

사   건   2016가소████ 지료

원   고   1. 김민█
             서울 성동구 난계로 ████ ███ █ ████ (하왕십리동, ████ ████)
             2. 이영█
             서울 송파구 올림픽로███ ██ ████ ████ (신천동, ████ ████)
             3. 김주█
             서울 관악구 승방███ ██ █ ██ ████ (남현동, ████ ████)
피   고   김관█
             충남 부여군 부여읍 ████ ████ █ ██ (신정리)

주   문

이 사건을 대전지방법원 논산지원 부여군법원으로 이송한다.

이   유

이 사건은 이 법원의 관할에 속하지 아니하므로 민사소송법 제34조 제1항에 의하여 주문과 같이 결정한다.

2016. 7. 22.

판사   김 나 █

대전지방법원 논산지원 부여군법원

판   결

사 건	2016가소███ 지료	
원고(선정당사자)	이영██	
	서울 송파구 올림픽로███ ████ ██ ████ (신천동, ████████)	
	송달장소 서울 강동구 구천면로 ██ ████ (암사동, ████████ ██)	
피 고	망 김판█의 소송수계인	
	1. 김세██	
	2. 김영██	
	피고들 주소 서울 은평구 가좌로 ████ ██ ██ █ (신사동)	
변 론 종 결	2017. 5. 19.	
판 결 선 고	2017. 6. 27.	

주   문

1. 피고들은 가 원고(선정당사자) 및 별지 [선정자명단] 기재 선정자들에게 2014. 8. 22.부터 별지 [부동산목록] 기재 토지 인도 완료일까지 연 1,000,000원의 비율로 계산한 돈을 지급하라.

2. 원고(선정당사자)의 나머지 청구를 기각한다.

3. 소송비용은 각자 부담한다.

4. 제1항은 가집행할 수 있다.

청 구 취 지

피고들은 각 원고(선정당사자) 및 별지 [선정자명단] 기재 선정자들(이하 '원고들')에게 2014. 8. 22.부터 주문 제1항 토지 인도 완료일까지 연 300만 원 비율에 의한 금원을 지급하라.

이 유

1. 청구의 표시: 원고들이 공유하는 주문 제1항 토지 위에 피고들이 권한 없이 건물을 소유하고 있으므로, 연 600만 원의 비율로 계산한 부당이득금을 피고들 지분 비율대로 분할하여 각 300만 원씩 반환할 것을 구함.

2. 적용법조 : 자백간주판결(민사소송법 제208조 제3항 제2호, 제150조 제3항)

3. 일부기각: 원고들은 토지 공유자로서 부당이득반환청구권은 각자의 지분에 따른 비율 한도에서만 행사할 수 있으므로, 피고별로 각 원고들에게 연 100만 원씩 지급하도록 함(매년 피고1로부터 100만 원, 피고2로부터 100만 원을 받아 원고 1명당 매년 200만 원을 지급받는 셈).

판사   김나

※ 소액사건의 판결서에는 소액사건심판법 제11조의2 제3항에 따라 이유를 기재하지 아니할 수 있습니다.

대전지방법원 논산지원 부여군법원

화해권고결정

사 건	2016가소■■ 지료	
원고(선정당사자)	이영■	

　　서울 송파구 올림픽로■■ ■■ ■■ ■■■ (신천동, ■■■■■■)

　　송달장소 평택시 평남로 ■■■ ■■■■(동삭동, ■■■■■■)

피 고	망 김관■의 소송수계인

　　1. 김세■

　　　서울 은평구 가좌로■■ ■■ ■■■ ■ (신사동)

　　2. 김영■

　　　서울 은평구 가좌로■■ ■■ ■■■■ (신사동)

위 사건의 공평한 해결을 위하여 당사자의 이익, 그 밖의 모든 사정을 참작하여 다음과 같이 결정한다.

결정사항

1. 피고들은 원고(선정당사자) 및 별지1 목록 기재 선정자들에 대하여 각 300만 원씩의 부당이득금 채무가 있음을 확인한다(피고 1명당 합계 900만 원).

2. 피고들은 별지3 목록 기재 건물을 대금 1,800만 원에 매도하고, 원고(선정당사자) 및 별지1 목록 기재 선정자들은 이를 매수한다.

3. 원고(선정당사자) 및 별지1 목록 기재 선정자들과 피고들은 제1, 2항의 채무를 대등액에서 상계한다.

4. 피고들은 2017. 2. 28.까지 원고(선정당사자) 및 별지1 목록 기재 선정자들에게 별지3 목록 기재 1 내지 4항 건물에 대한 소유권이전등기절차를 이행한다. 위 등기절차 비용은 원고(선정당사자) 및 별지1 목록 기재 선정자들의 부담으로 한다.

5. 2017. 2. 28. 이후에 별지3 목록 기재 건물에 남겨둔 물건에 관하여는 피고들이 그 소유권을 포기한 것으로 보고 피고들은 원고(선정당사자) 및 별지1 목록 기재 선정 자들이 이를 처분하는 것에 대하여 이의가 없다.
6. 원고(선정당사자) 및 별지1 목록 기재 선정자들과 피고들 사이에 위 각 조항에서 정 한 것 외에는 아무런 채권, 채무가 없음을 서로 확인한다.
7. 원고(선정당사자)의 각 나머지 청구를 포기한다.
8. 소송비용은 각자 부담한다.

청구의 표시

1. 청구취지: 피고들은 각 원고(선정당사자, 이하 '원고') 및 선정자들에게 2014. 8. 22. 부터 별지2 목록 기재 토지(이하 '이 사건 각 토지') 인도일까지 연 300만 원의 비율에 의한 돈을 지급하라.
2. 청구원인: 피고들 소유의 별지3 목록 기재 건물(이하 '이 사건 각 건물')이 원고 및 선정자들 소유의 토지에 존재함으로 인해 차임 상당의 부당이득을 얻고 있으므로 그 부당이득금의 지급을 구함.

결 정 이 유

1. 이 사건 각 토지의 부당이득금을 2014. 8. 22.부터 약 3년간 1,800만 원(= 연 차임 600만 원 × 3년)으로 산정하고, 계산의 편의상 이 사건 각 건물을 1,800만 원에 원고 및 선정자들이 매수하는 것으로 하여 위 매매대금 채권과 부당이득 채권을 상계함으 로써 피고들이 실제로 지급할 돈은 없는 것으로 정함.
2. 원고가 이 사건 각 건물에 대한 철거집행이 가능한 집행권원(대전지방법원 논산지원 2015가단   )을 갖고 있으나, 이 사건 각 건물이 효용가치가 남아있다면 이를 사용하 는 것이 경제적이고, 원고도 이를 원하고 있으며, 피고들 입장에서도 어차피 철거대상 이 되는 건물에 대하여 원고에게 소유권을 이전함으로써 철거판결의 이행도 면하면서

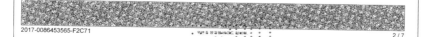

부당이득금의 지급까지 면제받게 되는 셈이므로 불이익한 점이 없다고 판단됨.

3. 위와 같은 점을 종합하여 위 결정사항과 같이 결정함.

2017. 1. 23.

판사   김 나

※ 이 결정서 정본을 송달받은 날부터 2주일 이내에 이의를 신청하지 아니하면 이 결정은 재판상 화해와 같은 효력을 가지며, 재판상 화해는 확정판결과 동일한 효력이 있습니다.

2017-0086453565-F2C71   3 / 7

청구취지변경 신청서

사　　건　　2016 가소 ■■ 지료
원　　고　　선정당사자 이영■
피　　고　　망 김관■의 소송수계인 김세■, 김영■

위 사건과 관련하여 원고들은 다음과 같이 청구취지를 변경합니다.

변경후 청구취지

1. 피고들은 원고(선정당사자) 및 별지1 목록 기재 선정자들에 대하여 각 금 3,000,000원씩의 부당이득금 채무가 있음을 확인한다.
2. 피고들은 별지3 목록 기재 건물을 대금 금18,000,000원에 매도하고, 원고 (선정당사자) 및 별지1 목록 기재 선정자들은 이를 매수한다.
3. 원고(선정당사자) 및 별지1 목록 기재 선정자들과 피고들은 제1, 2항의 채 무를 대등액에서 상계한다.
4. 피고들은 이사건 판결의 확정과 동시에 원고(선정당사자) 및 별지1 목록 기재 선정자들에게 별지3 목록 기재 1 내지 4항 건물에 대한 소유권이전 등기절차를 이행하라.
5. 이사건 판결 확정 이후에 별지3 목록 기재 건물에 남겨둔 물건에 관하여 는 피고들이 그 소유권을 포기한 것으로 보고 피고들은 원고(선정당사자) 및 별지1 목록 기재 선정자들이 이를 처분하는 것에 대하여 이의하지 못 한다.
6. 소송비용은 피고들이 부담한다.
라는 판결을 구합니다.

변경사유

1. 원고들은 귀원의 2017. 1. 23. 자 화해권고결정을 수령한 바 있습니다. 이미 원고들은 대전지방법원 논산지원 2015 가단 ▮▮▮ 토지인도 청구사건에서 이사건 건물을 철거하고 이사건 토지를 인도하라는 확정판결을 득한 바 있고, 피고들이 원고들에게 지료상당의 부당이득금을 지급해야 한다는 사실도 명백해진 이상, 귀원에서 한 화해권고 결정사항이 가장 적절한 해결방안이라 할 것입니다.

2. 그런데 수차의 시도에도 불구하고 화해권고결정이 피고들에게 송달되지 않아 화해권고결정은 확정되지 못하였고, 귀원에서 변론기일을 지정한 이상 원고들은 위 변경된 청구취지와 같은 판결을 구합니다.

3. 청구취지변경에 따라 소가 및 첩용인지액을 산정해야 할 것이나, 주 청구를 소유권이전등기절차 이행 청구로 보더라도 기존의 소가 및 납부한 인지액을 초과하지 않음이 명백하므로 인지액은 추가납부하지 않도록 허가해 주시고, 만약 추가납부가 필요한 경우라면 귀원의 보정명령에 따라 추가납부하겠습니다.

2017. 3. .

위 원고 선정당사자 이영▮

대전지방법원 논산지원 부여군법원 귀중

2014 타경 16584
경기도 안성시 대천동

2014 타경 16584 (강제)		물번1 [배당종결] ✓		매각기일 : 2015-11-30 10:00~ (월)		경매1계 031-650-
소재지	(　　　) 경기도 안성시 대천동 　　　 외1필지 [도로명] 경기도 안성시 벽성　　　(대천동)					
용도	근린시설	채권자	박광　외6명		감정가	439,219,280원
지분토지	173.4㎡ (52.45평)	채무자	박종　외1명		최저가	(49%) 215,217,000원
지분건물	138.11㎡ (41.78평)	소유자	박종　外		보증금	(20%) 43,044,000원
제시외	50.87㎡ (15.39평)	매각대상	토지/건물지분매각		청구금액	241,687,663원
입찰방법	기일입찰	배당종기일	2015-02-09		개시결정	2014-11-14

기일현황   ✓간략보기

회차	매각기일	최저매각금액	결과
신건	2015-07-06	439,219,280원	유찰
2차	2015-08-10	307,453,000원	유찰
3차	2015-09-14	215,217,000원	매각

전옥특/입찰8명/낙찰313,000,000원(71%)
2등 입찰가 : 287,717,777원

	2015-09-21	매각결정기일	허가
	2015-10-30	대금지급기한	미납
3차	2015-11-30	215,217,000원	매각

(주)　　개발/입찰1명/낙찰248,765,000원(57%)

	2015-12-07	매각결정기일	허가
	2016-01-08	대금지급기한 납부 (2015.12.31)	납부

배당종결된 사건입니다.

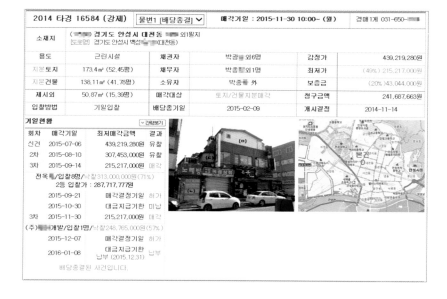

박종○과 박종○의 지분, 즉 2/6만 경매로 나왔다

이 사건은 토지와 건물의 지분매각으로 감정가 439,219,280원에 시작했으며, 248,765,000원에 낙찰 받은 사건이지만 다른 지분과는 조금 다르다. 우선 건물지분부터 권리분석을 해보면 건물을 총 6명이 1/6지분으로 소유했으며, 그중 박○락과 박○성의 지분 즉 2/6만 경매로 나왔다. 건축물의 지분이 경매로 진행되지 아니한 사람은 4명으로 그 사람들은 토지지분을 소유하지 않았다.

주요 등기사항 요약 (참고용)

[주 의 사 항]

본 주요 등기사항 요약은 증명서상에 말소되지 않은 사항을 간략히 요약한 것으로 증명서로서의 기능을 제공하지 않습니다.
실제 권리사항 파악을 위해서는 발급된 증명서를 필히 확인하시기 바랍니다.

[건물] 경기도 안성시 대천동

고유번호 1346-1996-

1. 소유지분현황 (갑구)

등기명의인	(주민)등록번호	최종지분	주 소	순위번호
박종○ (공유자)	580217-*******	6분의 1	경기도 안성시 신건지동	2
박종○ (공유자)	600410-*******	6분의 1	경기도 안성시 중리동	2
박기○ (공유자)	840210-*******	6분의 1	경기도 안성시 대천동	2
박효○ (공유자)	561007-*******	6분의 1	경기도 안성시 중리동	2
이경○ (공유자)	590415-*******	6분의 1	경기도 안성시 중리동	2
건옥○ (공유자)	580303-*******	6분의 1	경기도 안성시 신건지동	2

다른 지분권자들은 건물만 소유했거나
토지만 소유한 지분권자들이다

토지지분을 권리분석해보면 필지가 대천동 1○○번지 와 1○1번지 총 2필지이지만, 1○○번지는 채무자인 박○락 박○성이 소유하고 있고, 또 다른 1○1번지는 127.9 중 67만 경매로 진행되는 사건이지만 1○1번지의 토지지분권자는 건축물에는 지분이 없었다.

결론으로 낙찰 받을 지분을 정리해보면 건물은 총 1/3지분 토지는 두 필지이며, 합한 지분은 173.4/234.3이다.

그러나 낙찰 받을 박○락과 박○성 두 명만 토지 건물 전체의 지분을 소유했거나 다른 지분권자들은 건물만 소유했든지, 토지만 소유한 지분권자들이다. 토지지분이 없는 건축주들을 지료로 청구할 수 있기에 입찰을 결심하게 됐다.

토지현황								
						🔍 토지이용계획/공시지가	🔍 부동산정보 통합열람	
	지번	지목	토지이용계획	비교표준지가	(지분)면적	단가(㎡당)	감정가격	비고
1	대천동 1○0	대지	근린상업지역	1,110,000원	106.4㎡ (32.19평)	2,260,000원	240,464,000원	
2	대천동 1○1	대지	근린상업지역	1,110,000원	67㎡ (20.27평)	2,260,000원	151,420,000원	127.9면적중 박●락외1명지분 67전부
기타	벽성초등학교 남동측 인근에 위치 / 주변은 각종 점포 및 상가 등으로 형성된 상업지대 / 본건까지 차량접근이 가능하고 근접지에 노선버스정류장이 소재하며 시내 중심부에 소재하며 제반 교통사정 양호 / 서측으로 약 12미터 남측으로 약 8미터 도로와 접하는 각지임							

세입자 전원, 대항력이 있으며

이 물건을 낙찰 받으려고 결심한 것은 건물의 지분이 1/3밖에 안 되지만, 토지의 지분권이 없기에 건물 지분권자들을 상대로 지료 청구를 하면 되고, 토지 지분권자에게는 법정지상권으로 대응할 수 있다고 생각했기 때문이다. 그러나 상가이기에 대항력 있는 세입자가 있어 이 문제도 해결할 수 있어야만 한다.

다음의 표를 보면 세입자 전원이 대항력이 있으며, 그중 3층 주거용의 건물에 전세 사는 사람만 배당요구를 했다. 그러나 지분으로 낙찰 받았기에 보증금 전액을 배당받지 못 한다면 나머지는 낙찰자에게 대항력으로 전세 보증금을 요구할 수 있다.

다른 세입자들은 보증금이 그리 많지 않고 월세가 있어 경매 진행 시 월세를 안 냈을 수도 있으며, 설사 낙찰자에게 대항력으로 요구한다면 건물지분권자들에게 요구하면 된다는 필자 나름대로의 권리분석이다.

순위	성립일자	권리자	권리종류(점유부분)	보증금금액	신고	대항	참조용 예상배당여부 (최저가 기준)
1	사업 2004-11-22 확정 없음 배당 2015-01-20	유미●	상가임차인 1층 중 10평 (●●)	【보】10,000,000원 【월】450,000원	○	있음	인수금: 10,000,000원 전액매수인 인수예상
2	전입 2008-12-26 확정 없음 배당 없음	김영●	주거임차인		X	있음	현황조사 권리내역
3	사업 2010-02-03 확정 없음 배당 없음	JIN YIN ●●	상가임차인 39.66㎡ (●●●)	【보】5,000,000원 【월】200,000원	○	있음	인수금: 5,000,000원 전액매수인 인수예상
4	사업 2013-01-04 확정 없음 배당 없음	박명●	상가임차인 148.50㎡ (●●●)	【보】10,000,000원 【월】650,000원	○	있음	배당금: 10,000,000원 전액배당으로 소멸예상
5	사업 2013-01-04 확정 2014-12-02 배당 2014-12-02	박명●	상가임차인 지하층 40평	【보】10,000,000원 【월】650,000원	○	있음	배당금: 10,000,000원 전액배당으로 소멸예상
6	사업 2013-03-20 확정 없음 배당 2015-01-02	강선●	상가임차인 65㎡ (●●●)	【보】10,000,000원 【월】1,000,000원	○	있음	인수금: 10,000,000원 전액매수인 인수예상
7	전입 2014-07-11 확정 2014-07-11 배당 2014-12-24	김순●	주거임차인 3층 20평	【보】42,000,000원	○	있음	배당금: 42,000,000원 전액배당으로 소멸예상
8	전입 2014-07-11 확정 없음 배당 없음	이규●	주거임차인		X	있음	현황조사 권리내역

- 보증금합계 : 87,000,000원 - 월세합계 : 2,950,000원

• 압류의 법정기일이 빠른경우 또는 교부청구(당해세)로 대항력있는 임차인의 경우 전액배당 안될시 인수금액 발생할수있음.

3층 주택세입자에게 전액이 배당됐다

1차에 287,717,777원에 입찰했으나 2등이었다. 1등 하신 분은 건물 지분만 소유한 전○자였다. 잊어버리고 있던 중 잔금 미납해 재매각되어 다시 이번에는 248,765,000원에 낙찰 받았다.

1차보다 4,000여만 원 적은 금액이다. 나중에 알아보니 전○자가 잔금 대출을 요청했으나 지분이며, 또한 토지도 전부가 아니기에 대출을 못 받아 재경매에 나온 것이었다. 잔금을 내고 배당일에 참석해보니

3층 주택세입자에게 전액이 배당됐다. 본인이 낙찰자라고 소개하자 바로 재계약하자고 한다. 나도 좋다고 하고 바로 재계약에 동의했다.

이 당시 3층 주택 세입자는 지분만 낙찰 받았다는 사실을 인지하지 못 한 것 같다.

보증금 전액 인정해줄 테니 재계약하자고 했다

다음 날 아침 세입자 중 미용실을 찾아갔다. 세입자에게 새로 건물을 낙찰 받은 주인이라 얘기하고 보증금 전액을 인정해줄 테니 재계약을 하자고 했다. 월세 날짜는 한 달 후부터 내라는 조건에 세입자는 바로 좋다고 하며, 새로 계약서를 작성했다. 다른 세입자들에게도 전해주고 재계약하려면 연락해달라고 전화번호를 주고 왔다. 월세를 냈는지는 따질 필요가없었다. 보증금은 대항력이 있기에 전 주인과 세입자들이 합세한다면 어차피 인정해주어야 했다. 세입자들에게 인심을 쓰고 월세를 정확히 필자 쪽에서 받아내는 것이 이 사건의 핵심이다. 결국 월세 2,950,000만 원은 매달 받을 수 있었다.

후일담이지만 토지지분을 매입하라고 토지지분권자에게 연락이 왔다. 그러나 가격이 절충되지 않았다. 건축물 소유자들이 연락 오면 세입자 보증금과 토지 지료를 청구하려 했으나 아직 연락이 없다. 필자 쪽에서도 총 2억 원 정도 투입하고 월세를 약 300만 원을 받고 있는 상황에 서두를 필요는 없어서 그대로 진행 중에 있다.

본 책의 내용에 대해 의견이나 질문이 있으면
전화(02)333-3577, 이메일 dodreamedia@naver.com을 이용해주십시오.
의견을 적극 수렴하겠습니다.

이것이 진짜 실수한 부동산 투자다

제1판 1쇄 발행 | 2019년 12월 5일

지은이 | 이종실
펴낸이 | 한경준
펴낸곳 | 한국경제신문 *i*
기획·제작 | ㈜두드림미디어
책임편집 | 배성분

주소 | 서울특별시 중구 청파로 463
기획출판팀 | 02-333-3577
영업마케팅팀 | 02-3604-595, 583   FAX | 02-3604-599
E-mail | dodreamedia@naver.com
등록 | 제 2-315(1967. 5. 15)

ISBN 978-89-475-4538-9 (03320)

한국경제신문 *i* 부동산 도서 목록

한국경제신문 *i* 부동산 도서 목록

한국경제신문 *i* 부동산 도서 목록

DCM
dodreamedia

두드림미디어
경제·경영, 재테크, 자기계발, 실용서 전문 출판 임프린트

가치 있는 콘텐츠와 사람
꿈꾸던 미래와 현재를 잇는 통로

Tel : 02-333-3577
E-mail : dodreamedia@naver.com